U0027482

鳥羽・伏見地圖

上京区
中京区
下京区
東山区
西京区
南区
伏見区
向日市
長岡京市
久世郡
大山崎町
久御山町
八幡市

162
9
171
177
24
E9
E88
E89
1

大覚寺御所跡
山陰本線駅
嵯峨嵐山駅
嵐山駅
北野白梅町
円町駅
花園駅
二条駅
四条大宮駅
阪急口駅
御所
出町柳駅
梅小路京都西駅
近鉄京都線
京都駅
稲荷駅
JR藤森駅
奈良線
伏見桃山陵
六地蔵
丹波橋駅
桃山駅
中書島駅
京阪宇治線
京阪本線
宇治西IC
宇治駅
JR小倉駅
宇治
木幡
桂駅
桂川駅
桂大路駅
京都盆地
中国町駅都南IC
桂川PA
桂川IC
京阪本線
富ノ森駅
長岡京駅
長岡京IC
天王山
大山崎JCT IC
久御山IC
久御山JCT
久御山南IC
木津川
久御山

小枝橋
城南宮
京都奉行所
富之森
千兩松
淀城
男山

地理院タイル（標高タイル）を加工
して作成、海域部は海上保安庁海
洋情報部の資料を使用して作成

戊辰戦争 隠された真実を暴く

戊辰戰爭

REVEALED
THE HIDDEN TRUTH ABOUT BOSHIN WAR

還原被隱藏的真相

洪維揚 著

第1部 鳥羽・伏見之巻

1.

戊辰戰爭

鳥羽・伏見之卷

第六章　上野戰爭及彰義隊的覆滅

慶應四年二月十一日～五月廿四日

寫在前面

本書《戊辰戰爭：還原被隱藏的真實》是筆者前作《幕末：日本近代化的黎明前》（以下簡稱前作）的接續之作，上起慶應三年12月9日（格列高里曆1868年1月3日）小御所會議之後，下迄明治二年5月18日（格列高里曆1869年6月27日）蝦夷政權總裁榎本武揚以下所有官員在蝦夷地向新政府軍陸軍總裁黑田清隆、海軍總裁增田虎之助等人降伏為止，前後歷時一年五個多月、共計五百四十二天。

本書書名為戊辰戰爭，顧名思義當然以這歷時一年多的一連串戰爭為主題，本書第一、三、六、七、九、十、十二各章分別撰述戊辰戰爭中有名的個別戰役，而這些戰役甚少或幾乎未曾在以往的中文書籍中提及。除了第六、七兩章因配合敘述上的需要而調換章次外，大抵上按照時間發生的順序（或是多場戰役約略在同時進行）撰寫。

戊辰戰爭期間並非總是處在戰火之下，這一年多也發生不少外交、政治上以及區域性的事件，諸如神戶事件、堺事件，《五條御誓文》、《五榜揭示》、《政體書》的頒布，和一般大眾耳熟能詳的江戶無血開城、奧羽越列藩同盟的締結以及蝦夷政權的建立，筆者在個別的戰爭與戰爭之間穿插上述事件，除了這些事件對於明治時代的日本有一定程度的影響外，無非也希望讀者不要對翻開本書放眼望去皆是一連串的戰爭敘述感到乏味。

專攻幕末維新史的已故學者石井孝教授的著作《維新的內亂》（維新の內乱）以及該書的修訂本《戊辰戦争論》，在筆者撰寫本書期間給予最多的靈感和啟發。石井教授將「維新的內亂」（戊辰戰爭）分為三個階段：

第一階段為天皇政府與德川政府的戰爭。

第二階段為東北的戰爭。

第三階段為蝦夷動亂。

石井教授的第一階段相當於筆者前作第二部第十八章到本書第七章；第二階段為本書第八章到第十章；第三階段為本書第十一、十二兩章。

筆者並未將本書定位為學術專書，但筆者盡量遵照談論史事應有的客觀公正立場。在本書中除了引用的史料原文外，對於效命朝廷的薩長等西國諸藩不以「官軍」或「西軍」稱之，而代之以「新政府軍」。若以「官軍」稱之，則與之相對立場的就必須以「賊軍」稱之，這種二分法明顯帶有歧視意味，在二十一世紀的現代不應沿用這種帶有歧視的字眼。在鳥羽．伏見之戰加入新政府陣營的大致上位在京都以西的諸藩，以「西軍」稱之並無不當。鳥羽．伏見之戰以後不少譜代或關東諸藩也加入新政府軍，此時再使用「西軍」這一名稱不僅不恰當，也會對讀者造成誤解，讓讀者誤以為新政府成員始終只有西國諸藩，筆者認為「新政府軍」應該是比較適合的稱呼。

同理，除了引用的史料原文外，對於幕府勢力筆者也不以「賊軍」稱之，而代之以「幕府軍」。不過，與新政府軍敵對的「幕府軍」成員較為複雜，一律稱為「幕府軍」顯然不符實際情況，因此筆者在前述的第一階段稱為「幕府軍」，因為這階段與新政府軍作戰的勢力以幕府軍諸隊為主；第二階段與新政府軍作戰的勢力主要為奧羽越諸藩，由於此時已締結奧羽越列藩同盟，故以「同盟軍」稱之；奧羽越列藩同盟在第二階段結束前已向新政府降伏，「同盟軍」不適合用在第三階段，改以「蝦夷政權」或「幕府諸隊」稱之。

以下就請讀者諸君跟著筆者進入戊辰戰爭的年代吧！

體例說明

本書中出現的日期有用中文數字以及阿拉伯數字兩種方式標示，日本在明治五（一八七二）年十二月三日以前使用日本慣用的和曆（包括貞享曆、寶曆曆、寬政曆、天保曆等日本人發明的曆法），在此之前在日本國內發生之事皆採用日本的曆法，以國字表示；遇上國際要事或是介紹外國人物則以通行國際社會的格列高里曆（Gregorian calendar）表示。至於年齡，日本人以虛歲計算，外國人物則以實歲。

1. 第1部 鳥羽伏見之巻

〈惺々暁斎 東台戦争落去之図〉——國立國會圖書館

序章

開戰前夕（續）

一、小御所會議之後

筆者在前作第二部最後，談到慶應三（一八六七）年十二月九日「王政復古大號令」和小御所會議做出結論：已在該年十月十四日奉還大政於朝廷的慶喜必須辭官納地。「辭官」指的是辭去內大臣（征夷大將軍已在大政奉還時辭去）及右近衛大將，納地則是向朝廷歸還多達四百萬石的天領。

十二月十日晝四時，前前任尾張藩主德川慶恕以及前任越前藩主松平春嶽二人以朝廷的敕使身分，前往二條城向德川慶喜轉述小御所會議的結果，亦即要慶喜辭官納地。筆者在前作提到慶恕、春嶽二人轉述小御所會議的訊息造成二條城內的旗本、會津及桑名藩士陷入混亂、恐慌、憤怒之中，混亂、恐慌、憤怒的原因不在於慶喜必須辭官納地，而是慶恕、春嶽二人竟成為背後有薩長撐腰的朝廷代表前來勸說主君。

慶喜的反應倒沒有這些旗本、藩士來得激烈，因為慶喜並不把不具實力的朝廷召開的會議結果當一回事，即便朝廷背後有薩、長、藝等討幕諸藩為後盾，慶喜也有恃無恐。慶喜自去年十二月五日就任將軍以來推動的慶應改革頗具成效，法皇拿破崙三世派出的軍事顧問團來日一年訓練完成的一萬餘人近代陸軍是慶喜有恃無恐的主因。

儘管慶喜對於法國軍事顧問團親手調教出的近代陸軍深具信心，不過鑒於京都勤王氣息過於濃厚，一旦在此開戰將不利於幕府。慶喜在不與任何幕僚商議下，獨自沉思，於十二日暮六時帶領京都守護職松平容保、京都所司代松平定敬、老中首座板倉勝靜悄悄離開二條城，翌日晝八時抵達大坂城，二條城則由慶喜的心腹梅澤孫太郎坐鎮。

梅澤孫太郎與原市之進是慶喜成為將軍後最重要的心腹，他們兩人都出身水戶藩，弘化四(一八四七)年慶喜過繼為一橋家養子時奉齊昭之命前往一橋家成為其家臣。原市之進於安政二(一八四九)年進入藩校弘道館就讀，接受會澤正志齋、藤田東湖兩大當代水戶學龍頭的薰陶，成績優異的原被任命為弘道館舍長，在會澤、藤田的推薦下於安政六年轉往幕府官學校昌平坂學問所深造。

慶喜於文久二年七月六日被任命為將軍後見職時，兩人被延攬為慶喜的側近，此時慶喜的智囊是一橋家的家老並、旗本出身的平岡圓四郎。慶喜之所以由攘夷轉向公武一合，有一說是受到平岡巧妙操控（實際上並非如此），因此在水戶藩士看來，平岡成為蠱惑慶喜的佞臣，他的下場也就不難想像了。元治元（一八六四）年六月十六日，水戶藩士江幡貞七郎（廣光）、林忠五郎埋伏在京都町奉行所與力**長屋**（都市中下層民眾居住的大雜院）旁暗殺平岡，享年四十三歲。江幡、林二人得手後，旋即為傾巢而出的町奉行所與力殺害。

平岡死後，梅澤和原成為慶喜的左右手而受重用，較為年長的梅澤被慶喜任命為大坂警備而駐守大坂城。慶應二年底慶喜就任將軍後任命兩人為目付，正式從一橋家臣躍升為幕臣。慶喜任用有弘道館、昌平坂學問所資歷的原市之進取代平岡圓四郎，成為慶喜的新智囊主導慶應改革，此舉讓原步上平岡的後塵。慶應三年八月十四日原市之進在京都板倉老中首座宅邸門前遭到同樣前來拜訪的幕臣鈴木豐次郎、依田雄太郎二人殺害，整起事件幾乎與三年前平岡遇刺如出一轍。

平岡和原遇刺後，慶喜身邊再也沒有能上得了檯面的智囊。雖同樣隨侍在慶喜身旁超過二十年，但是梅澤充其量只有忠誠而已。在面臨據守二條城與薩長軍作戰與否的抉擇時，梅澤只能忠實接受慶喜下達坐鎮大坂城約束按捺不住的會津及桑名藩兵的指令而不能為主子出謀劃策。

如果平岡或原還在的話，必能為我分析利害得失，但是梅澤的話就……

慶喜一生大概再也沒有比這時候更渴望身邊有個可以出謀劃策的智囊吧！

二、慶喜決心開戰

撤出二條城的慶喜一行人，在十三日夕七時進入大坂城。慶喜略作休息後於翌日先接見立場親近幕府的法國公使侯許（Michel Jules Marie Léon Roches），前作已有提過法皇拿破崙三世除了借貸鉅款給幕府外，更派出軍事顧問團為幕府訓練近代陸軍。英國公使巴夏禮（Harry Smith Parkes）無意間聽聞此消息後，認為大英帝國的駐日使節理應享有日本外交的優先權，豈能落在法國之後？12月14日是格列高里曆1868年1月8日，兵庫已經正式開港，巴夏禮緊急喚來使館通譯官薩道義（Ernest Mason Satow），冒著傾盆大雨趕赴大坂城。有讀過筆者前作的讀者，對這兩位公使以及薩道義想必並不陌生。

由於巴夏禮臨時亂入，慶喜因而擱置原先和侯許的話題，改向侯許和巴夏禮述說五日前「王政復古大號令」的經過。由於慶喜並未參與政變過程，很多細節他無法清楚交代，只能敘述已知的部分。慶喜說完之後，詢問兩位公使該如何因應接下來的政局。兩位公使先是講了漂亮的場面話安慰慶喜，接著話鋒一轉，質疑慶喜撤出京都、轉進大坂的目的。如前文所述，兵庫在格列高里曆1868年1月1日（日本曆為慶應三年十二月七日）正式開港，慶喜卻在開港後數日離開京都，來到大坂，是否有以政治力阻撓兵庫開港的意圖呢？

在薩道義看來，慶喜並未表現出絲毫想要重新奪回權力的樣子（從之後的歷史看來，薩道義的觀察有誤），對於巴夏禮和侯許的質疑，慶喜也無心回覆，彷彿因為一連串的打擊而顯得意興闌珊。

最後，慶喜說道自己疲累至極，結束與兩位公使的會面。不過慶喜又補充道，將擇日再做安排會面。據薩道義《明治維新親歷記》一書記載，慶喜離去後，外國奉行遞交書面告知：

慶喜已辭去將軍職（十月廿四日主動向朝廷辭職），今後請以「上樣」稱之。

十二月十六日晝八時半，慶喜在大坂城御白書院正式接見英、法、美、荷、義大利、普魯士六國公使，親自說明自大政奉還以來兩個月間日本政局的演變。過程中痛訴岩倉具視和薩摩主導數名諸侯、帶兵突入禁門的凶暴舉動，重申王政復古是場不合法的政變。慶喜的演說打動六國公使，一致表態支持幕府，對慶喜而言，無疑是場外交上的重大勝利。

只要能獲得列強支持，不當將軍又有何妨！

當然，打動六國公使內心的並非這場演說，而是慶喜允諾會繼續承認以往簽下的修好通商條約並保障各國在先前取得的種種利益，這才是六國公使最為關心的事項。

慶喜決定乘勝追擊。翌十七日，慶喜以自己的名義命右筆起草為己辯護的《舉正退奸之表》，於十八日命大目付戶川伊豆守安愛帶往京都遞交新政府總裁有栖川宮熾仁親王。戶川找上若年寄兼**山陵奉行**（文久二年新成立的幕府職務，負責山陵的管理和修補，雖說是幕府的職務卻必須由朝廷任命及同意）戶田大和守忠至在當日晚上將此表上呈給總裁有栖川宮熾仁親王過目。

慶喜在《舉正退奸之表》強烈要求清君側（指岩倉具視、正親町三條實愛、中御門經之等人），以激烈的語氣提到「要向幼少的天子進諫，火速聚集天下列藩的眾議，以舉正退奸」。並以「薩賊」稱呼薩摩藩。此外，慶喜在該表還提到會命諸藩率兵前來大坂以防萬一，等於在暗示有栖川宮若不自行清君側，他將率領諸藩藩兵攻入京都親自執行。

諸藩是否願意聽從慶喜之命率兵前去大坂不得而知，不過板倉老中首座早在十一日寫信給江戶的稻葉美濃守正邦、松平周防守康直、小笠原壹岐守長行、松平縫殿頭乘謨四位老中，提到近期之內將會發生戰事，要求盡快調派步兵四大隊、騎兵兩小隊、大砲兩門以及軍艦數艘至大坂灣。

板倉老中首座一定有向慶喜提及此事，慶喜撤出京都想來應與板倉老中首座此舉不無關係，可見慶喜撤出京都並非全然無謀之舉，他在下令撤出京都的同時應該已有一段時間後將與討幕派作戰的念頭，六國公使的表態支持加強他與討幕派開戰的決心。

三、近藤勇遇襲

慶喜撤出京都、轉進至大坂城後，近藤勇也在十四日率領新選組撤出京都，駐紮在大坂天滿宮（大阪市北區天神橋）。十六日近藤不知為何又率領新選組成員返回京都，以伏見奉行所為臨時屯所。此時新選組已有大量隊士出走，一個月來先後歷經油小路決鬥及天滿屋事件（請參照前作第三部）折損了不少隊士，而且一番組組長沖田總司因罹患肺癆日益消瘦，這些都成為慶應三年底新選組實力嚴重削弱的因素。

近藤選擇以伏見奉行所為屯所地點應與伏見所處的位置有關。淀川在伏見一帶名為宇治川，從大坂搭船溯淀川而上必須在此下船改換陸路，因此在伏見一帶有數十家船宿（如筆者在前作經常提及的龍馬下榻處寺田屋）。陸路方面，從大坂而來的京街道出淀城（京都市伏見區淀本町）後一分為二，從淀城經納所、富之森、下鳥羽、赤池、秋之山、小枝橋（小枝橋到東寺之間是為上鳥羽）直達東寺（京都市南區九條町）是為鳥羽街道。在小枝橋之前，大抵上鳥羽街道與桂川平行。

鳥羽街道出納所後往東經千兩松，在横大路沼與宇治川間沿著狹窄道路往東北至中書島（京都市伏見區葭島矢倉町），淀城到中書島與現今京阪鐵道淀站至中書島站幾乎完全重疊。自中書島起再分為沿高瀨川西岸的竹田街道及東岸的伏見街道，近藤選定的新屯所伏見奉行所即位於高瀨川和宇治川交會處附近的伏見街道上。

十八日起，近藤率眾沿著伏見街道巡視，在旁簇擁的不再是熟悉的沖田總司、藤堂平助等人，代之的是油小路決鬥後臨時召募的新隊士。因為是臨時召募的成員，在劍術和警覺性方面不能與舊隊士相比，近藤也為他的草率之舉付出代價。當日早上近藤騎著一匹駿馬率領二十餘位新隊士前往二條城，夕七時左右，近藤率領隊士從墨染沿伏見街道南下返回奉行所途中，突然響起一聲槍聲，近藤右肩一陣劇痛，原來是自己遭受狙擊。

近藤只覺得身體搖搖欲墜，隨時有墜馬的可能。一心想成為武士的近藤不顧被部下看到局長墜馬的醜態，勉強拉穩韁繩使身體維持平衡。就在此時前方不遠處的破屋有五、六名武士衝出、拔刀朝近藤殺來，近藤仔細一看，來者是篠原泰之進、富山彌兵衛、加納道之助、阿部十郎等人。近藤方雖占有人數上的優勢，不過他率領的這二十餘名新進隊士並無近身肉搏的經驗，整體戰力難以匹敵剛在上個月油小路決鬥中浴血殺出生路的篠原等人。篠原等人與近藤隊短兵相接，後者猶如被輾壓般倒下數人，剩下的隊士嚇得拔腿逃命而去，只剩近藤一人。遭到狙擊的近藤快馬加鞭逃離現場，篠原等人雖全力追擊，最終還是讓近藤逃回伏見奉行所。

人在奉行所的土方歲三看到被狙擊的近藤上衣染成紅色，趕緊上前攙扶他，同時叫人找來外科大夫為近藤醫治，罹患肺結核的沖田總司也在伏見奉行所靜養。近藤雖不諳醫術，但是他感覺得出傷得很重。持刀的右手難以舉起，意味著自己將從此失去劍客的資格，對在刀口上過生活的他而言，失去劍客的資格與死去無異。

歲，新選組就交給你了。

從這一天起，新選組實際領袖從近藤轉變為土方，半個月後的鳥羽．伏見之戰便由土方率領新選組隊士與京都見廻組擔任幕府軍先鋒。

近藤遭到狙擊的消息傳得很快，人在大坂的慶喜也聽到了，他派使者快馬來到伏見，要近藤到大坂接受治療。隔日近藤在幕府軍的護送下前往大坂，土方也讓罹患肺癆的沖田跟隨近藤。慶喜的身邊有位名為松本良順的名醫，他既是幕府的御典醫、將軍侍醫，同時也是**西洋醫學所**（成立於安政五年，原本為當時有名的蘭醫伊東玄朴等人成立的種痘所，之後為幕府收編，改為現名。事務除種牛痘外，也兼作教學和解剖，伊東去世後先後任命緒方洪庵和松本良順為頭取，是之後東京大學醫學部前身）頭取，和伊東玄朴可說是幕末幕府御典醫的代表，有看過《仁醫》的讀者想必不會對他感到陌生。

松本良順出生佐倉藩，本姓佐藤，後來成為幕醫的養子而改姓松本，明治到大正年間擔任第一次西園寺公望內閣外務大臣及第二次西園寺內閣遞信大臣的林董乃是其弟。十四代將軍家茂於四境戰爭期間在大坂病倒，松本自始至終不眠不休在將軍病榻前看診，戊辰戰爭期間松本多以軍醫身分轉戰各處，直到會津戰爭結束後被捕下獄為止。雖是一介醫生，但松本對幕府的忠心是許多幕臣比不上的。

松本監禁約一年後得到赦免，曾是蘭醫的他在東京成立西式醫院，不久受山縣有朋聘用，進入兵部省成為軍醫。明治六（一八七三）年松本良順晉升至軍醫最高階軍醫總監，官階為陸軍少將，是日本最早的軍醫總監，以作家、譯者聞名的森林太郎（筆名鷗外）是其晚輩。

四、江戶薩摩藩邸燒毀事件

雖說慶喜已有開戰的決心，然而六國公使已在前些時日表態支持幕府，因此成竹在胸的慶喜不急於開戰，而是靜待有利時機的到來。

薩摩藩在慶應三年十月便由西鄉授意益滿休之助、伊牟田尚平兩位藩士前往江戶，收編當地的討幕派和尊攘派浪人及不務正業的地痞流氓，要他們配合討幕密敕的下達，以守護天璋院的名義在當地滋事，最好能鬧大成為重大事件。益滿、伊牟田很快便召募到包含相樂總三、落合直亮在內約五百名浪士，然而隨著慶喜決定接受大政奉還，守護天璋院失去口實，不得不中止在江戶滋事的計畫，吉井友實轉達西鄉之命要益滿、伊牟田等人自重。

儘管吉井要益滿、伊牟田等人自重，但五百名浪士卻不遵守命令，堅持在江戶外圍展開襲擊騷擾活動。十一月中旬起浪士隊展開滋事行動，先是騷擾江戶的豪商、強索勤王活動費，若有不從則有搗毀、押解、強奪等行為，嚴重破壞江戶的治安，此皆由在三田薩摩藩邸出沒的浪士所為。

十一月廿九日，三十餘名浪士先是離開位在三田的薩摩藩邸（東京都港區芝三丁目）前往下野國出流山村（栃木縣栃木市出流町）占領該地，名義上舉起勤王倒幕的旗幟，實為掠奪鄰近富豪的資金。幕府命就近的下野國足利藩主兼陸軍奉行並戶田長門守忠行率軍前往鎮壓，歷經近一日作戰於十二月十二日底定，戰死四人、俘虜一人。十二月十五日，浪士隊以武藏國出身的浪人上田修理（本名長尾真七郎）率領十餘名浪士，計畫沿著**甲州街道**（江戶時代五街道之一，從江戶日本橋經八王子、甲府至信濃國下諏訪宿與中山道會合，全程共三十八宿。甲州街道最初設定為若江戶城遭到攻陷、將軍避難至甲府的專用道路，因此除八王子千人同心外，沿途還配置伊賀組、根來組、甲賀組、青木組等四組鐵砲百人組保護將軍撤退）進攻甲府，結果當日尚未進入甲州就在八王子遭到千人同心擊潰。

同日，浪士隊另行分出一支隊伍前往相模國襲擊荻野山中藩**陣屋**（原為古代軍兵屯駐的軍營，江戶時代專指幕府直轄領的代官、郡代的役所或三萬石以下無城的大名及交代寄合的屋敷），結果也沒能成功。當事人之一的落合直亮於明治時代回憶道，浪士隊襲擊時均自稱隸屬薩摩藩，並公然使用印有島津家紋的提燈，這些舉止都加深薩摩藩與幕府的對立。

江戶薩摩藩邸的益滿、伊牟田等人眼見幕府並不因為這些挑釁行為而被激怒，於十二月廿二日夜派出浪士朝新徵組及其頂頭上司出羽庄內藩的屯所所在地射擊，第十一代庄內藩主酒井左衛門尉忠篤大怒，下令庄內藩與新徵組在江戶市街嚴格取締滋事的浪士隊。

更讓酒井忠篤甚至整個幕臣難以忍受的是翌（廿三）日江戶城二丸御殿燒毀，主使者是薩摩藩士伊牟田尚平。筆者於前作第二部第十一章提到江戶城曾於安政六年、文久三年六月、文久三年十一月及慶應三年發生四次大火，慶應三年的大火即是此次由伊牟田主使的縱火案，此次縱火使得文久三年十一月十五日大火後重建的二丸御殿又付之一炬。附帶一提，明治二年三月廿八日明治天皇奠都東京時，改名皇城的江戶城只有三丸和西丸。

伊牟田放火燒毀江戶城二丸御殿徹底激怒幕府，稻葉、松平康直、小笠原、松平乘謨四位留守江戶的老中，以及勘定奉行小栗上野介忠順和旗本出身的江戶南町奉行朝比奈甲斐守昌廣等幕府主戰派達成共識，要求三田藩邸必須交出滋事者——特別是下達江戶城二丸御殿縱火命令的伊牟田尚平。

當然，三田藩邸不會輕易交出犯人，因為，激怒幕府使其主動攻擊薩摩藩——例如襲擊薩摩藩邸——才是他們主要的目的。

留守江戶城的稻葉正邦老中下令出羽庄內藩進攻三田藩邸，逼其交出滋事者。庄內藩主酒井忠篤命江戶留守居役松平權十郎(名親懷)率領連同本藩在內和支藩出羽松山藩、上山藩、鯖江藩、岩槻藩以及新徵組作為征討軍。

廿五日清晨，上述五藩及新徵組團團包圍三田藩邸，甚至還運來用在野戰的**四斤山砲**(法國陸軍於一八五九年發明的野戰武器，因砲彈重量相當於四公斤而得名。幕末期間傳進日本，最早由幕府用於四境戰爭，盛行於戊辰戰爭到西南戰爭期間)對準三田藩邸。上述五藩加上新徵組兵力超過千人，而三田藩邸人數不過二百餘人。這樣的人數即便用來攻城也已足夠，何況藩邸遠不如城郭堅固，再加上四斤山砲的助陣，早在開戰前便可預知勝負。

四斤山砲很快將藩邸炸出缺口，幕府軍順勢從缺口攻入藩邸，大約三小時後五藩聯軍占領三田藩邸，並放火燒毀以報二日前燒毀江戶城二丸御殿之舉。薩摩方面共四十一人戰死，包含益滿休之助在內共一百六十二人遭到俘虜，伊牟田尚平、相樂總三、落合直亮、伊東祐亨趁亂逃走。五藩聯軍方面的損失甚為輕微，只有上山藩九人、庄內藩二人共計十一人戰死的程度。

逃出藩邸的數十人繼續逃往品川，跳上停在岸邊的薩摩藩運送船翔鳳丸（亦有寫為「翔凰丸」），當時在品川台場有幕府船艦回天丸、咸臨丸。咸臨丸因機械故障無法出航，只能發砲攻擊，回天丸為保護咸臨丸而不能全力追擊，使得翔鳳丸逃出江戶灣。據《薩藩海軍史》記載，逃出江戶灣的翔鳳丸遭到廿八發砲彈砲擊，最後停泊在紀伊國熊野九木浦（三重縣尾鷲市九鬼町）整修。伊牟田、相樂、落合三人在此下船北上，伊牟田、落合、相樂歷經九死一生後，於鳥羽．伏見之戰期間的慶應四年一月四日進入京都二本松薩摩藩邸與西鄉吉之助會面，向他報告三田藩邸燒毀事件的始末。西鄉在幾天前便已得知三田藩邸燒毀事件的消息，只是對於細節不太清楚，不過並不影響西鄉對鳥羽．伏見之戰的布局。

慶喜得到三田藩邸燒毀的消息早於西鄉，力主對薩摩強硬的幕府大目付瀧川播磨守具舉搭乘回天丸於廿八日於大坂灣上陸，直抵大坂城向慶喜報告三田藩邸事件。當時幕府在大坂灣北端兵庫港停泊以下五艘主力船艦：

開陽丸（荷蘭製木造蒸汽船，排水量二五九〇噸）
富士山丸（美國製木造蒸汽船，排水量一〇〇〇噸）
順動丸（英國製鐵製蒸汽船，排水量四〇五噸）
蟠龍丸（英國製木造蒸汽船，排水量三七〇噸）
祥鶴丸（美國製木造蒸汽船，排水量三五〇噸）

排水噸數最大的開陽丸作為旗艦，由留學荷蘭學習海軍的開陽丸艦長榎本和泉守武揚擔任艦隊司令官。

十二月三十日起停泊在兵庫港的薩摩主力艦春日（英國製木造蒸汽船，排水量一〇一五噸）於一月三日鳥羽・伏見之戰開戰之前，與同藩的平運丸、翔鳳丸兩艘運送船在上述幕府艦隊的砲火下發生衝突。此即鳥羽・伏見之戰的唯一海戰——阿波沖海戰，這場規模不算大的海戰在提到鳥羽・伏見之戰或是戊辰戰爭時經常遭到忽略，筆者則將此海戰與鳥羽・伏見之戰作為下一章論述的主題。

豆知識

相樂總三及赤報隊的悲劇

筆者在第四節提到益滿休之助、伊牟田尚平兩位薩摩藩士及相樂總三、落合直亮兩位關東地區的鄉士，這四人除落合外都在戊辰戰爭結束前死去，其中以相樂總三的下場最為悲慘，也最令人感到現實政治的無情，以下簡單介紹相樂總三的生平。

相樂總三原名小島四郎，天保十（一八三九）年出生在一個小康的鄉士家庭，幼年起苦讀國學和兵學有成，之後成立以教授尊王攘夷學說的私塾，廣泛與各地勤王家交往，遊歷信濃、武藏、上野等地，曾投身參與元治元年水戶天狗黨之亂，失敗後返回江戶。

慶應二年上京遊歷，認識西鄉、大久保等薩摩志士，返回江戶後亦與二人及薩摩藩保持往來，是慶應三年底江戶薩摩藩邸燒毀事件的核心成員，這一事件也構成相樂悲劇性的結局。

如前文所述，三田藩邸遭幕府軍燒毀後，相樂等人撤至品川搭乘運送船翔鳳丸經伊豆、遠州灘、紀伊等地來到京都向西鄉報告事件始末，得到西鄉的讚賞。鳥羽．伏見之戰期間，相樂總三得到岩倉具視、西鄉等人的贊助，號召農民浪士於近江國金剛輪寺(滋賀縣愛知郡愛莊町)成立赤報隊(以赤誠之心報效皇國之意)，擁戴公卿滋野井公壽(滋野井實在長男)、綾小路俊實(大原重德長男、綾小路有長養子)為盟主。

鳥羽．伏見之戰獲勝後，新政府軍聲勢大漲，東下進攻江戶乃時勢之必然。不過，出於種種因素的考量，新政府軍未能立即東下，於是赤報隊在得到新政府的同意後，以「臨時的官軍」身分作為東山道軍先鋒於慶應四年一月廿五日沿美濃循中山道東下，並以「年貢減半」作為宣傳口號爭取民眾的支持。

當時全國各地頻起世直一揆，對於在幕府統治下繳納高額年貢的農民而言，年貢減半是極具吸引力的口號。可是，新政府卻沒有給予赤報隊「官軍」的象徵信物，而且新政府的財政一直處在吃緊的狀態(這也是為何即便鳥羽．伏見之戰獲勝，新政府軍卻遲遲未東下江戶的主因)，因此不得不私下取消年貢減半的承諾。

不僅如此，為了不讓赤報隊繼續宣傳不利於新政府財政的口號，新政府竟對外宣稱赤報隊是「偽官軍」。赤報隊是「偽官軍」的消息很快在中山道、東海道傳開來，曾因赤報隊宣傳年貢減半而支持新政府的農村，將無法減半年貢的責任歸咎於赤報隊，反過來接受新政府軍的調度與信濃各藩一同圍捕赤報隊。

新政府命令一出，赤報隊在信濃山區顯得寸步難行，滋野井公壽、綾小路俊實兩位公卿出身的盟主丟下隊伍逃回京都。相樂率領一部分隊員於二月十七日在信濃、上野國境的追分宿（長野縣北佐久郡輕井澤町）遭到襲擊，隊員除戰死外盡皆被捕。三月三日，相樂及澀谷總司在下諏訪宿遭到新政府軍斬首，如今該地還有相樂、澀谷、大木四郎、西村謹吾、竹貫三郎、小松三郎、高田某、金田源一郎等八人合葬之墓，稱為魁塚。

從以上簡介看來，赤報隊固然也有令人非議之處，但是判定赤報隊為偽官軍的新政府更凸顯出過河拆橋的現實勢利。在本書中新政府將出現多次類似此種的缺失，維新回天之所以在倒幕派和佐幕派留下兩極的評價恐怕與這一缺點不無關係。

第一章

鳥羽・伏見之戰

一、向朝廷提出《討薩之表》

幕府大目付瀧川具舉搭乘回天丸於慶應三年十二月廿八日於大坂灣上陸，前往大坂城向慶喜稟報薩摩藩在江戶製造的動亂事件。瀧川具舉帶來的消息使得大坂城內的旗本及會津・桑名二藩藩士鼓譟騷動，紛紛提出向薩摩開戰的要求。個性在幕閣中被歸類為溫和派的板倉老中首座眼見難以壓下這股請戰的氣勢，舉出《孫子》名言「知彼知己，百戰不殆」，要求慶喜率兵上京對薩摩開戰。

根據此時人在法國巴黎萬國博覽會的幕臣澀澤榮一在明治末期訪談德川慶喜的回憶錄

《昔夢會筆記》，慶喜與板倉老中首座有如下的生動對話：

對於板倉老中首座的提議，始終不發一語的慶喜不慌不忙的問板倉老中首座：

你認為譜代和旗本之中可有能與西鄉吉之助匹敵的人嗎？

板倉老中首座低頭思索後，緩緩地搖搖頭說道沒有這樣的人。

慶喜見狀再度問道：

那麼可有能與大久保一藏匹敵的人嗎？

板倉老中首座再次低頭陷入沉思，然後又緩緩搖頭說道沒有這樣的人。

慶喜接著又舉出吉井幸輔以下薩摩藩數人的名字依序問道可有能與這些人匹敵的人嗎？板倉老中首座重複同樣的回答。於是慶喜說道：

的確如你所言。我軍缺乏如此傑出的人物，要與薩摩開戰需有必勝的計策才行，否則將會蒙上朝敵之名，因此決不能由我方挑起戰事。

板倉老中首座對慶喜的態度不以為然，說道：

如今將士鬥志高昂，為何不好好利用這一優勢？若是一味的拒絕他們的請戰，恐怕將會出現人心渙散、最終造成大量的出走。

從上述記載可看出，距離鳥羽．伏見之戰開戰五天前，將軍和老中首座對於開戰與否還無法取得一致的意見。從《德川慶喜公傳》的記載看來，顯然慶喜不願（或是未做好準備）在當下與薩摩（包含長州、土佐、藝州）開戰。結束對話後慶喜回覆松平春嶽願意接受小御所會議的結果，亦即辭官納地。慶喜本人不便進京，遂由德川慶恕及春嶽二人於當日代表慶喜進京遞交有慶喜親筆簽名畫押的回覆信。儘管令人感到意外，慶喜毅然拋下尊嚴，決意接受岩倉、大久保等人在小御所會議提出令他難堪的要求。

慶喜的答覆令新政府感到錯愕，他們原先就抱定慶喜不會接受辭官納地，然而慶喜卻做出幾乎令所有人意外的決定，使得新政府也不得不做出令人意外的回應：接受慶喜的決定，並要他上京接受新政府任命為議定。

十二月九日王政復古大號令頒布的同時，也選出總裁、議定、參與作為新政府的成員。其中議定由皇族、公卿及大名組成，成員共有十名，其中只有德川慶恕、松平春嶽、山內容堂三人較具實務能力。任命慶喜為議定無疑會成為議定中鋒頭最健者，甚至會對總裁有栖川宮熾仁親王造成威脅。難怪木戶準一郎在數日後鳥羽・伏見之戰開打時憂心忡忡的寫給同藩志士品川彌二郎的信件中提到：

當今確實錯失三大事，我深恐皇國將要土崩瓦解，改革也將化為泡沫幻影。

一、十二月九日小御所會議後，德川家的處置沒能以武力解決，並在尾張、越前兩藩斡旋下讓步。

二、慶喜遷徙至大坂城而且周邊有幕府軍駐防，然後慶喜還召見外國使節們說會負起履行條約，宛如政權還在德川家手中。

三、慶喜的上朝、就任議定問題。

以上三件大事都說明討幕派主導權被奪走的事實。

附帶一提，自文久三年八月十八日政變遭到剝奪官職離開京都的三條實美、三條西季知、四條隆謌、東久世通禧、壬生基修五卿，終於在十二月廿七日回到闊別四年多的京都。出身僅次於攝家的三條立即被任命為議定（岩倉亦在同日成為議定），比下正親町三條實愛，成為議定中家格最高的公家。相對地，羽林家出身的東久世通禧只能擔任參與。

從慶喜接受辭官納地的反應來看，他反對的應該是新政府中的薩摩，而非祐宮及朝廷，這也可從數日後慶喜上書朝廷的《討薩之表》得到證明。慶應四年一月一日，慶喜總結去歲十二月九日小御所會議以來的一切，認為俱出自薩摩藩奸臣所為。因此由他口述，起草所謂的《討薩之表》，要求朝廷引渡薩摩藩的奸臣。

《討薩之表》全文如下：

臣慶喜，謹慎觀察去月九日以來政局之發展，均非出於朝廷真意，俱出自松平修理大夫奸臣之陰謀，此乃天下所共知。尤以在江戶、長崎、野州、相州各地滋事騷亂，以至於強盜殺人，皆由其唆使家臣之故，東西呼應以擾亂皇國，著實天人共憤也。懇請朝廷下令引渡前述奸臣交由幕府治罪，倘若朝廷不予採納，萬不得已時將採取必要的誅戮行為。

之後還附上五條罪狀書：

一、重大事件皆應出於眾議，但九日突然提出改革，非比尋常，顯然佯奉幼帝實則進行種種私論。

二、主上正值幼沖卻擅自廢除受先帝託付之攝政及關白，並禁止其參內。

三、私意逕自廢黜宮及堂上諸卿。

四、提議九門之外的警備，煽動他藩以兵勢脅迫宮闕，不畏朝廷的大不敬。

五、與家臣和浮浪之途共謀，聚集藩邸，在江戶市區進行強盜放火，朝酒井左衛門尉之屯所發砲並妨礙其行公務。其餘如在野州、相州等地之縱火強盜之事已充分證明薩摩的罪行。

《討薩之表》中提到的奸臣松平修理大夫乃薩摩藩第十二代藩主島津忠義，對幕末歷史有了解的讀者應該知道他是一個存在感非常薄弱的藩主，自安政五（一八五八）年十二月廿八日十九歲襲封以來先後受制於祖父齊興及生父久光，襲封迄今已過十年，忠義依舊只是名義上的藩主。過去數年慶喜在京都與久光有多次精彩的攻防（如參預會議及四侯會議），不可能不知道薩摩藩的真實狀況，因此以忠義為征討對象對慶喜或幕府而言應該是象徵意義大於實質意義。

《討薩之表》發布後，慶喜即將率領兵力強行上洛，為此幕府開始集結在大坂的兵力，同時並動員畿內譜代諸藩，共有約一萬餘名兵力於二日沿淀川、宇治川向京都進軍。三日午後幕府軍在鳥羽街道及伏見街道與薩摩藩兵發生衝突，就此展開為期四日的鳥羽・伏見之戰。

二、阿波沖海戰

在進入本節之前筆者先向讀者說明，阿波沖海戰儘管發生在鳥羽・伏見之戰稍早之時，不過對該役或之後一連串被稱為戊辰戰爭的諸多戰役並無直接影響或關聯。儘管如此，筆者依舊在本節先行敘述阿波沖海戰，下一節起再敘述歷時四日的鳥羽・伏見之戰。

筆者在前章第四節提到伊牟田尚平、相樂總三、落合直亮等人在三田薩摩藩邸遭到燒毀後，搭上運送船翔鳳丸逃出江戶，伊牟田等人中途在紀伊國熊野九木浦下船北上前往京都，在江戶遭到幕府船艦擊中的翔鳳丸則在當地整修。修復後的翔鳳丸沿著熊野灘向西南航行，通過紀伊大島和本州最南端的潮岬（皆位於和歌山縣東牟婁郡串本町）後改朝西北並逐漸偏北航行，穿過友島和淡路島之間的紀淡海峽後於一月二日夕七時左右進入大坂灣兵庫港。

薩摩藩主力艦春日及同為運送船的平運丸已在十二月廿九日午後停泊在兵庫港，計畫在三日清晨駛出兵庫港，經瀨戶內海返回薩摩。三日約曉七時半，春日、翔鳳丸、平運丸三船趁天色未明駛出兵庫港，不過，同時間也停泊在兵庫港的開陽丸、蟠龍丸、順動丸、翔鶴丸、富士山丸等五艘幕府船艦在艦隊司令官榎本武揚的命令下，對此三船發砲攻擊。原來當時停泊在兵庫港還有外國船艦，榎本擔心若在港內開砲恐將誤擊外國船艦（尤其是英國船艦），因此耐心等待薩摩船艦駛出兵庫港外再做砲擊，榎本艦隊的砲擊行為也等於宣告幕府對薩摩宣戰。

薩摩的三艘船艦中，翔鳳丸、平運丸皆為運送船，本身並無武裝，發砲還擊只能仰仗唯一有武裝的春日艦。春日艦長赤塚源六決定不把浪士捲入薩摩和幕府的戰爭中，於是讓相樂總三、落合直亮等數十名浪士在西宮下船（相樂下船後直奔京都，在岩倉及西鄉等人的授意下成立赤報隊），然後航速較快的平運丸單獨經明石海峽進入播磨灘在瀨戶內海西行、春日與翔鳳丸從紀淡海峽南下，分散兩路逃逸。當下榎本司令官也兵分兩路追擊，他坐鎮旗艦開陽丸親自追擊春日及翔鳳丸。

據日後歷任海軍省軍務局長、海軍參謀部長（海軍軍令部長前身）、佐世保、橫須賀、吳各鎮守府司令長官的海軍元帥井上良馨的回憶，當時人在春日艦上的他，目睹開陽丸及春日兩艦互射砲彈，但由於距離遙遠都未命中。等到兩艦距離從二千八百公尺拉近至一千二百公尺後，從開陽丸上源源不斷射出十六公分、三十磅重的克虜伯砲。

春日艦上沒有這等重傷害的武力，雖然也回敬不少砲彈，赤塚艦長下令全速逃逸，春日的極速為十六節（一節為一浬，等於一點八五二公里），開陽丸只有十二節，雖然在砲擊中中彈數發，但總算甩掉開陽丸，於一月六日平安返回薩摩。平運丸並無記載出明石海峽後的經過，但從早春日返回薩摩來看，應該也是早早甩開在後追擊的船艦。

緊跟在春日之後的翔鳳丸在離開兵庫港時被幕府船艦擊中，為了不讓全員玉石俱焚，赤塚艦長做出捨棄翔鳳丸的痛苦決定。被捨棄且中彈多發的翔鳳丸掙扎逃到阿波國由岐浦（德島縣海部郡美波町），眼見難以返回薩摩，最終決定在該地引火自毀。繼續追擊翔鳳丸的開陽丸只能拆下未被熊熊烈火燒毀的船身木板，帶回兵庫港作為海戰勝利的見證，結束這場歷時不到一天且規模不大的海戰。

幕府儘管戰勝，但是因為規模不大，對同日發生的鳥羽・伏見之戰以及之後的戊辰戰爭之勝敗可說毫無影響。儘管薩摩藩在明治時代幾乎主宰整個海軍（明治時代十四名海軍大將中只有有栖川宮威仁親王不是出身薩摩），其中不乏立下大功的伊東祐亨、井上良馨、東鄉平八郎、川村純義、山本權兵衛等將領，但是在阿波沖海戰當下，薩摩在海軍的養成及船艦噸數及配備上的確遠遠不如幕府。而且問題不只如此，當時薩摩藩亦無修復船艦的概念，在阿波沖海戰歸來的春日身中數彈，卻無適當的船塢可供修復，四月時才由新政府委託英國商人拖往上海修復。歷時十個月的整修，春日於明治二年宮古灣海戰重新加入戰局，成為新政府軍四艘軍艦之一。

此外，值得一提的是，春日艦上除了井上良馨外還有一位年僅二十歲的海軍三等砲術士官。這位士官名東鄉平八郎，參與阿波沖海戰及翌年的宮古灣海戰累積海戰經驗及知識。明治四（一八七一）年取得同藩西鄉隆盛的同意成為留學英國的公費留學生，在東鄉的堅持下，西鄉收回原本要他學習鐵道的決定，讓他專攻海軍。當時包含東鄉及西鄉在內，恐怕沒有任何人能想像這位堅持專攻海軍的年輕士官會在明治三十年代的日本海海戰締造幾乎全殲俄羅斯帝國波羅的海艦隊（The Baltic Fleet）的戰績而揚名全世界。

三、開戰前新政府軍及幕府軍的人員編制

慶喜發布《討薩之表》後，大坂及畿內譜代諸藩都動了起來，據野口武彥《鳥羽伏見之戰——決定幕府命運的四日》（鳥羽伏見の戦い——幕府の運命を決した四日間）一書的整理，幕府軍在一月二日的部隊編制及配置如下（括弧內的文字是筆者的說明）：

一、鳥羽街道方面

竹中丹後守（重固，若年寄格陸軍奉行）

秋山下總守（名鐵太郎，步兵頭）步兵一大隊　第五連隊

小笠原石見守步兵一大隊（名不詳，步兵頭並）　傳習第一大隊

谷土佐守（名衛久，砲兵頭）砲兵二門、騎兵三騎、築造兵（即工兵）四十人

桑名四中隊、砲兵六門、松平右近將監（名武聰）家來三十人

攻擊當日前往鳥羽，進而進占東寺

二、伏見

城和泉守（名不詳，步兵奉行並）

窪田備前守（名鎮章，步兵頭）步兵一大隊　第十二連隊（在大坂徵募）

大澤顯一郎（步兵頭並）步兵一大隊　第七連隊

間宮錶太郎砲兵六門、騎兵三騎、築造兵四十人

新選組一百五十人

攻擊前日前往

三、二條御城

大久保主膳正（名忠恕，陸軍奉行並）
德山出羽守（名不詳，步兵奉行並）步兵二大隊　第一連隊
砲兵四門、騎兵三騎、築造兵四十人
佐佐木只三郎見廻組四百人、本圀寺組（水戶藩尊攘派）二百人

攻擊前前日編入

四、大佛（指東山方廣寺）
高力主計頭（名忠良，陸軍奉行並）
橫田伊豆守（名不詳，通稱五郎三郎，步兵頭）步兵二大隊　第四連隊
砲兵二門、騎兵三騎、築造兵四十人
會津藩四百人　砲兵一座
稻垣平右衛門（名長行，志摩鳥羽藩主）二小隊

攻擊前日前往大佛

五、黑谷（指京都守護職屯駐所金戒光明寺）

佐久間近江守（名信久，步兵奉行並）

河野佐渡守（名通伽，步兵頭）步兵二大隊　第十一連隊（在大坂徵募）

安藤鏐太郎（名不詳，砲兵頭並）砲兵四門、騎兵三騎、築造兵四十人

會津藩四百人　砲一座

松平讚岐守（讚岐高松藩主松平賴聰）八小隊

攻擊當日前往黑谷

幕府軍總督為上總大多喜藩藩主松平豐前守正質，他同時也是幕府老中之一，副總督為塚原但馬守昌義，據說先祖為武田家遺臣。

根據《陸軍歷史》一書中「陸軍編制」一章的記載，上述五組的步兵人數如下：

步兵第一連隊	千人	德山出羽守大隊（二條城、鳥羽）
步兵第四連隊	千人	橫田伊豆守大隊（大佛、鳥羽）
步兵第五連隊	八百人	秋山下總守大隊（推定鳥羽）
步兵第六連隊	六百人	當時在府中
步兵第七連隊	八百人	大澤顯一郎大隊（伏見）
步兵第八連隊	八百人	當時在府中
步兵第十一連隊	九百人	河野佐渡守大隊（黑谷、伏見）
傳習第一大隊	八百人	小笠原石見守大隊（鳥羽）
傳習第二大隊	六百人	江戶
御料兵	四百人	小林端一大隊（推定）
總計	七千七百人	
步兵第十二連隊	？	窪田備前守（大坂徵募，伏見）

以上所列雖有七千七百人，但要扣除掉不在京都的第六、第八連隊以及傳習第二大隊，

再加上會津、桑名、讚岐高松、美濃大垣、伊予松山等藩（除美濃大垣藩為譜代外，皆為親藩）的兵力共約一萬人左右，此外還有二十二門砲（不清楚為何種砲）。

新政府軍最初主力為薩、長、土三藩，據野口武彥引自大山柏（大山巖次男，生母為山川捨松）撰述的《戊辰役戰史》，薩摩的編制為小銃二十隊（城下十隊、外城四隊、游擊三隊、番兵、私領、兵具方各一隊）及砲隊三隊。小銃隊每隊各八十名士兵，配備米尼葉槍，二十隊共一千六百名。三隊砲隊中有兩隊各配備八門四斤山砲，另一隊則配備六磅砲和臼砲。每一砲隊有砲兵八十人，另配有六十四名護衛兵，若把斥候兵及小荷駄方（輜重兵）也算進去，薩摩軍總數約在三千人左右。

長州由於自元治元年七月起成為朝敵之故，因此長州軍遲至慶應三年十一月廿九日才在攝津國打出濱登陸（請參照前作第二部第二十章），總計有奇兵隊、游擊隊、整武隊、振武隊等六中隊的兵力（沒有砲兵）。長州的編制為一中隊由二小隊構成，共九十名士兵，配備當時最先進的史奈德步槍（Snider-Enfield），另有斥候兵及小荷駄方一百一十四人，共約二百人，六中隊總計約一千二百人。

筆者在前作第二部第二十章提及慶應三年十一月下旬薩、長、藝三藩曾率軍上洛（進京的只有薩、藝二藩，長州此時還是朝敵身分只能屯駐在大坂外圍），相較於薩摩派出三千、長州派出一千二百，藝州藩只派出三百餘人。因此在鳥羽．伏見之戰即將開戰前，藝州以兵力不足為由拒絕與薩、長一起對抗幕府，薩、長轉而拉攏土佐。曾與薩摩簽訂討幕密約如今又負責土佐軍事的乾退助對於薩、長的拉攏，二話不說的接受了。於是原本應以薩、長、藝三藩為主力的討幕軍改由土佐遞補藝州的位置，從之後的歷史來看，藝州藩的退出導致在倒幕雄藩上除名，也失去壟斷明治政壇的機會，可說是虧大了，不過在此時似乎沒有人意識到這一點。

土佐的兵力為步兵隊約千人和砲隊二百人，配備武器步兵隊疑似為米尼葉槍，砲隊的配備不詳。

薩、長、土三藩兵力總計約為五千四百人左右。

以上簡單介紹鳥羽．伏見之戰開戰之初新政府軍與幕府軍的兵力人數及配置，可以發現幕府軍兵力大約只有一萬人，戰爭結束後勝利的新政府軍宣傳的一萬五千人是把開戰後依附幕府軍的其他諸藩也算進去。五千四新政府軍對上一萬幕府軍，數量上雖依舊有所差距，但是這一差距可以憑藉武器的優劣加以彌補。為期四天的鳥羽．伏見之戰證實新政府軍如何憑藉武器及戰略的精良，在高昂的士氣下克服人數上的差距，取得勝利的果實。

薩摩藩領袖西鄉吉之助、大久保利通與長州藩領袖廣澤兵助、木戶貫治聚集在伏見薩摩藩邸指揮。薩摩藩鐵三角另一人小松帶刀因足痛（一說為胸痛、肺病）缺席。

四、小枝橋到城南宮和御香宮到伏見奉行所兩地開戰

慶應四年一月二日，前節提及的幕府軍部隊從大坂出發，當天在淀藩居城淀城（京都市伏見區淀本町）集結。翌日——即阿波沖海戰當日——幕府軍約一萬人（包含若干譜代諸藩兵分兩路朝東北方進軍，分別沿鳥羽街道和伏見街道進京，新政府軍分別在伏見進入京都的據點小枝橋（京都市南區上鳥羽奈須野町）和御香宮（京都市伏見區御香宮門前町）二地做了如下二圖的配置。

幕府軍約在晝九時過後率先從淀城出發，作為先鋒的是龍馬暗殺的執行者——京都見廻組組長佐佐木只三郎，率領該組的一部約五十人，這一批身上穿戴、佩帶的盡是不合時

宜的刀槍、鎧兜、陣羽織、**鉢卷**（和服的頭帶，功用為束髮。現在常見於祭典儀式或是準備考試的考生，上頭通常印有口號或標語，顯示配帶者的決心）。佐佐木先鋒部隊之後是前章提過主張對薩摩強硬的大目付瀧川具舉，他身上帶著有慶喜畫押簽字的《討薩之表》欲前往御所，於晝八時左右抵達小枝橋，要求封鎖小枝橋的薩摩軍讓道以便通行。

部屬在此地的新政府軍皆為薩摩藩兵，椎原小彌太和山口仲吾兩位軍監以瀧川並無朝命為由要求停止前進。此地的薩軍只有小銃隊六隊及半隊砲隊、四門四斤山砲，加上斥候兵及小荷駄方不到千人，還不到新政府軍五分之一弱，然而配有四門四斤山砲，瀧川具舉倒也不敢強行通過，往後退了三、四**町**（日制長度單位，一町約等於一〇九公尺）對峙在橋的另一邊。

對峙持續到夕七時半，已感到不耐的瀧川下令全軍強行通過，此時薩軍在日後的西南戰爭表現傑出的將領野津鎮雄一聲令下，砲隊四門四斤山砲一起對準幕府軍率先開砲，接著小銃隊槍聲大作，正式點燃鳥羽．伏見之戰及戊辰戰爭的戰火！

幕府軍被這突如其來的舉動嚇到了，京都見迴組擺好的陣勢受到小銃隊的狙擊出現傷亡，由於是在幕府軍的最前線所以傷亡也最嚴重，手持刀槍的他們受到狙擊也難以反擊。

原本趾高氣揚的瀧川，所騎的馬在砲聲隆隆及槍聲大作下竟掉頭往回跑向淀城，狼狽的程度不亞於戰國時代在神流川之戰潰敗的先祖瀧川一益。原本指揮這支部隊應是陸軍奉行竹中丹後守重固，但是他在前一晚住進伏見街道上的伏見奉行所，遂改由大目付瀧川具舉指揮。在他因為坐騎之故退出前線後全軍顯得慌亂，最後部隊退往下鳥羽附近一處名為赤池的地方等待桑名藩軍（有砲隊）抵達後再進行進攻。

新政府軍在伏見街道上的本營御香宮，隔著兩條路口與伏見奉行所相望。創建年不詳，原名御諸神社，以神功皇后為主祭神，平安時代清和天皇貞觀四（八六二）年由天皇賜名御香宮。桃山時代和江戶時代迭有增建，江戶時代以來已成為伏見地區的產土神（土地的守護神，類似華人民間信仰的福德正神）。除了位居交通要道外，御香宮地勢偏高，居高臨下，有掌控周遭的優勢。駐守御香宮的新政府軍以島津四分家之一的加治木家當主島津久寶（通稱豐後）為指揮官，昔日精忠組成員吉井友實為參謀，轄下的薩摩軍（共計十四隊小銃隊、兩隊半砲隊）及長州、土佐全軍已從東、北兩面將幕府軍北上必經之地伏見奉行所團團包圍，只敞開南方讓幕府軍進入奉行所。御香宮距離已發生衝突的小枝橋僅有約四公里，因此當小枝橋砲聲隆隆、槍聲大作時，伏見街道這邊的幕府軍也衝出伏見奉行所，往御香宮前進。

眾所周知，長州自文久三年八月十八日政變被逐出以來，所作所為猶如過街老鼠，還淪為二百餘年來未曾有過的朝敵，可說出自薩賊會奸所賜。如今在伏見街道狹路相逢，成功改革軍制的長州迫不及待要拿會津開刀以洗刷過去四年多來的恥辱。

與長州積極請戰相對的是土佐的消極避戰，土佐雖曾與薩摩簽訂討幕密約及薩土藝盟約，但這只是乾退助及一部分上士的想法，並未成為土佐藩論。山內容堂及後藤象二郎自始至終都是大政奉還論的擁護者，儘管因龍馬暗殺而使大政奉還論遭到推翻，土佐不得不投靠討幕陣營，然而二百多年來山內家一貫的佐幕立場不是輕易說放棄就能拋棄。

我還是難以認同武力討幕，雖然我藩加入討幕派，但嚴格禁止向幕府軍開砲。

於是伏見街道的戰役就在土佐「身在曹營心在漢」的情形下開戰，儘管如此，新政府軍仍擁有武器精良的優勢。幕府軍先鋒新選組（指揮官土方歲三）及會津藩（指揮官佐川官兵衛）率領約四百餘名拔刀隊快速衝出，但是在薩摩米尼葉槍及長州史奈德步槍前猶如移動式肉靶，紛紛中彈倒下。

入夜後戰鬥繼續持續，戰局仍對幕府軍不利。會津藩六十三歲的大砲奉行林權助老當益壯，指揮年輕的砲手朝御香宮陣地開砲，因而遭到狙擊，身中數槍倒地被抬下場。長男又三郎頂替父親上場，兩日後戰死，林權助也在養傷期間病逝。清末民初活躍外交界，歷任駐韓公使、駐清及駐華公使、關東州長官的林權助男爵即是此時受傷的林權助的長孫、又三郎的長男。

宵五時左右，薩摩的大砲擊中位在奉行所內的彈藥庫，爆炸後奉行所起火，火勢蔓延到附近的民宅。即便如此，幕府軍並未因此畏縮，土方指揮的新選組和會津藩兵依舊展現出高昂的鬥志。

進入一月四日的夜九時，新政府軍終於攻進伏見奉行所，總大將竹中重固丟下所有部隊不顧連夜逃回淀城，被總大將丟下的部隊持續作戰到夜九時半才陸續涉水穿過堀川退至中書島，鳥羽．伏見之戰第一天的所有戰事到幕府軍退至中書島才算結束。

這一天實際作戰時間約在八小時上下，雖是激戰，不過實際傷亡人數與激戰程度並不成比例，與許多以鳥羽．伏見之戰或戊辰戰爭為背景的戲劇、電影所上演的情節並不完全符合（如《神劍闖江湖》（るろうに剣心））。據一直守候在伏見的西鄉吉之助於戰事停歇後確認的結果為：

薩摩：戰死者六名、負傷者二十五名。
長州：戰死者四名、負傷者二十一名。

對占有優勢的新政府軍而言，如此輕微的傷亡數字是可以接受的。那麼幕府軍的死傷人數又是多少呢？據菊地明《戊辰戰爭全史》引用的《戊辰東軍戰死者靈名簿》戰死者為四十九人。

新政府軍後方的反應與前線同樣精彩。當天御所正召開三職會議（總裁、議定、參與）主題即是關於鳥羽・伏見之戰，但是與會的有栖川宮、山階宮、仁和寺宮、中山忠能、德川慶恕、松平春嶽、山內容堂、伊達宗城、淺野茂勳（藝州藩世子）等人皆精神緊繃不發一語。隨著第一天戰事的拉長，他們也跟著悲觀起來，春嶽和慶恕認為武力討幕是無謀的行為，他們願意負起政治責任辭去議定一職。二人話一說完，容堂和淺野茂勳也出聲附和。

表面上這些武家大名、世子是負起政治責任引咎辭職，私下卻是在責怪薩摩藩冒冒失失的將朝廷以及他們捲入與幕府的戰爭中。

三職中部分公卿認同春嶽等人的言論，討幕派公卿如正親町三條實愛、中御門經之等人不認同他們的推託之詞，怒目而視，但他們的怒氣也僅止於此。隨著戰事的膠著，討幕派公卿也由怒轉慌，紛紛說道：

伏見的戰爭是薩長會桑之間的私戰，與朝廷毫不相關！

與朝廷不相關，自然也不會與公卿有關，後面那句才是他們的內心話，即便是公卿中最具謀略的岩倉也有這樣的想法。某些公卿想起十四世紀足利尊氏背叛朝廷，攻進京都、囚禁天皇的史實，提議備好鳳輦，準備仿效當年後醍醐天皇行幸比叡山的路徑，帶著祐宮逃出御所，只要「玉」（指祐宮）還在他們身上，不管幕府或薩長哪一方獲勝，都不能對他們進行處分。

終於在夜八時半仁和寺宮帶來勝利的好消息。前一刻還在商量逃難路線，如何與薩長切割的公卿、大名們立即豹變，煞有其事的召開會議任命仁和寺宮嘉彰親王為征討大將軍兼軍事總裁，授予敕命、節刀征討幕府，同時任命議定伊達宗城（五日辭去）、參與東久世通禧・烏丸光德為軍事參謀，征討大將軍以西國街道（又稱為山崎街道）和鳥羽街道交會處的東寺為本陣。此外還命參與橋本實梁及西園寺公望（明治後期的政黨立憲政友會第二代總裁及昭和時代的元老）分別前往大津口和丹波口督軍，監視京都周遭諸藩的動向。

日本歷史上大概再也找不到像公卿這樣可以不斷改變政治立場、政治信仰，並且毫無信用的政治集團了，不僅中山、正親町三條、中御門諸卿如此，就連岩倉和明治末期、大正、昭和時代的元老西園寺公望也都有這種傾向，或許這種習性才是公卿能夠在政治鬥爭中存活千年的原因吧！

戰敗消息不久之後傳入大坂城，慶喜的反應與御所那邊大相逕庭，他命人轉告居住大坂的各國公使，目前日本處在幕府與薩摩藩交戰的狀態，與幕府有商業往來的國家嚴禁向幕府以外的勢力提供軍艦及武器。

五、征討大將軍出陣與錦之御旗

休息約四個小時後，於一月四日曉七時半再度開啟戰端。退到下鳥羽赤池的幕府軍在得到淀城派出大澤顯一郎的步兵第七連隊及窪田鎮章的步兵第十二連隊兩支援軍後，冒著濃霧往北推進。然而一月四日的天候不佳，據《防長回天史》的記載，這天天寒且風大，又有濃霧，對交戰雙方都極為不利。由於天候過於惡劣，不利於進攻方，於是幕府軍又暫時退回赤池等待天氣好轉。明六時濃霧雖還未散去，但風勢已有停歇，幕府軍把握機會發動攻勢進攻。

雙方在鴨川和桂川之間河岸旁已收割完畢的田裡進行槍戰，在寒冷的天氣中在沒有隱蔽物的稻田裡作戰對兩邊不管是體力或意志力，都是嚴峻的考驗。歷經約四小時的激鬥，期間伏見街道的薩長軍不斷挹注增援，至晝四時左右扭轉原先平分秋色的局面，到中午時幕府軍終於不支四散，步兵頭窪田鎮章想要恢復原來的隊形，可是遭到薩摩軍的狙擊戰死。窪田的死讓幕府軍陷入混亂，紛紛往西南方向竄逃到桂川與宇治川交會處附近的富之森至納所一帶方才平息下來。

伏見街道也在明六時半開戰，由於奉行所已被新政府軍攻下，會津、讚岐高松、濱田諸藩藩兵及伏見奉行所、新選組只能宿於中書島附近的民家，他們在堀川至中書島間布陣，並由築造兵築起簡單的工事。中書島東有高瀨川和宇治川，西有橫大路沼，南有宇治川和巨椋池（與橫大路沼現俱已填平），附近皆為濕地，不利於大部隊的作戰，因此政府軍抽調不少部隊往鳥羽街道支援，鳥羽街道才能在晝四時後打破原本平分秋色的局面。

伏見街道上的新政府軍雖然兵力減少，威力卻不減，也在接近中午時擊退幕府軍，步兵奉行並佐久間近江守信久在撤退時遭到新政府軍狙擊，墜馬死去。幕府軍在同一日的兩邊戰場都折損連隊以上的指揮官，儘管整體死傷不算太大，全軍籠罩在低迷的士氣中。

這一天鳥羽街道方面幕府軍戰死者三十一名，其中有十一名是桑名藩士，負傷者不詳；新政府軍戰死者九名（皆為薩摩藩），負傷者薩長共計四十一名。伏見街道方面據《戊辰東軍戰死者靈名簿》記載戰死者六名，負傷者不詳；新政府軍戰死者亦六名，負傷者不詳。

兩天下來，新政府軍在兩地戰場上都取得勝利，成功阻止幕府軍的北上，並將其逼退，但是都沒有取得重創幕府軍的戰果。新政府軍認為若想在短期內結束戰爭唯有重挫幕府軍士氣一途，於是把目前人在東寺的征討大將軍派往前線。

一月四日夜八時半被推舉為征討大將軍的仁和寺宮（也稱為大將軍宮）在天亮後在**御休所**（天皇或皇族休息之處所，亦可指其人）接受授予大政奉還前後已製作完成但苦無機會使用的象徵代表天皇的「錦之御旗」，以及在**御學問所**（天皇或皇太子研修學問之處，室町時代多半位在天皇日常生活居所的清涼殿或天皇元服、舉行節會儀式的紫宸殿，江戶時代建在小御所和御常御殿之間）接受授予的節刀，接著由擅長書道的公卿久我通久（「四奸二嬪」之一久我建通長男）揮毫寫下「征討大將軍」和「軍事參謀」兩面軍旗。當仁和寺宮從御所內裏宜秋門走出緩緩上馬時，在仁和寺宮的馬前「錦之御旗」緩緩隨風飄揚，朝廷已有許久不曾如此威風。

自十四世紀初後醍醐天皇之後過了五百三十餘年，御所之外再度揚起象徵天皇的錦之御旗，在御旗底下作戰的薩、長、土三藩藩軍不僅是新政府軍，更是「官軍」（有了錦之御旗，土佐方始毫無懸念加入官軍），與之敵對的幕府軍則淪為「賊軍」。官賊的立場至此已很明顯，原先以兵力不足為由拒絕與薩、長並肩作戰的藝州藩宣誓加入，成為新政府軍第四個成員，當這面御旗離開御所後，將會有更多成員加入。

大將軍宮於四日晝八時左右在「錦之御旗」飄揚下率領薩摩藩兵一小隊及藝州藩兵三小

隊來到東寺，不過並沒有立即前往前線，而是以東寺為本陣住下來。出身伏見宮的嘉彰親王是邦家親王第八王子，一個月前的身分為與皇室關係深刻的真言宗御室派（屬古義真言宗）總本山仁和寺（京都市右京區御室大內）的門跡，當時的名字為純仁法親王。《王政復古大號令》前夕奉朝廷之命還俗，旋即被任命為新政府三職中的議定。不過，年僅廿三歲的他恐怕還不夠了解自己的存在以及被任命為征討大將軍兼軍事總裁對於新政府軍有多重要，更不了解「錦之御旗」對薩、長、土等三藩組成的新政府軍的合法性。大將軍宮這一疏失，使得幕府軍在兩地戰場上的敗走延遲了將近一天。

五日早上朝五時左右，獲得充分休息的大將軍宮離開東寺沿鳥羽街道前往前線戰場視察。大將軍宮當然不可能隻身前往，大將軍宮隊列最前導由薩摩藩兵小隊開路，接著是錦旗奉行四條隆謌、五條為榮於左右兩側護衛兩面錦之御旗。兩位錦旗奉行之後即是大將軍宮仁和寺宮嘉彰親王，騎在馬上的大將軍宮身著赤地錦直垂，直垂之上再套上澤瀉威鎧甲（赤地錦是赤色織物的錦，直垂是江戶時代武家和公家的禮服，赤地錦直垂自平安末期以來是戰場上的大將在鎧甲底下穿著的服飾。澤瀉為水邊野生植物，威是鎧甲上的細繩穿過小札。澤瀉威鎧甲為有著澤瀉狀的威的鎧甲，屬於平安末期的鎧甲，到幕末已無實戰用途，與赤地錦直垂均為大將的象徵）。緊跟在大將軍宮旁且手持白熊毛兜的是薩摩藩士高崎右京（名諱不詳），大將軍宮身後的是東久世通禧、烏丸光德兩位軍事參謀，在他倆身後是擔任護衛的藝州藩兵小隊。

大將軍宮不久便在距離前線還有一段距離的橫大路民家暫作休憩，在那裡遙望雙方戰況，命高崎右京為斥候，三度來回奔走報告前線戰況。過晝八時，前線砲火聲逐漸停歇，大將軍宮隊列啟程前往富之森到淀大橋一帶，慰勞新政府軍諸藩的辛勞，至暮六時才折回東寺。期間位在山陰地區、現任藩主為已故水戶藩主德川齊昭五男池田慶德（慶喜的異母兄）的鳥取藩加入成為新政府軍第五個成員。大將軍宮在整個鳥羽·伏見之戰的巡視行程只有此時，以今日觀點來看與政治人物的作秀毫無二致，不過，其四溢擴散的效果絕非政治作秀可以相比。

六、富之森與千兩松激戰

筆者在前節提到大將軍宮在前線砲火聲逐漸停歇時視察富之森到淀大橋一帶，在大將軍宮視察時該地尚稱平靜，殊不知五日朝五時——與大將軍宮前往前線戰場視察約略同時——富之森與伏見街道上的千兩松才剛剛歷經一場激戰。

五日新政府軍雖依舊兵分兩路在鳥羽街道和伏見街道上作戰，然重點放在昨日被幕府軍奪回的富之森陣地，這也是大將軍宮在五日前往鳥羽街道前線視察的原因——希望提振新政府軍的士氣，奪回前一日被幕府軍攻下的陣地。幕府軍在四日奪下富之森陣地後，立即在該地屯駐，主力則駐守在距富之森陣地數公里外的淀城，那是山城國唯一的藩淀藩的居城。這個與朝廷處在同一令制國的藩，是距離御所最近的藩，負有監視朝廷舉動的任務，當然分封給對幕府最忠心的譜代。淀藩雖不如譜代筆頭三十五萬石的彥根藩，不過十萬兩千石的石高在譜代裡也算得上屈指可數的大藩。

新政府軍在富之森陣地佈下薩摩藩小銃隊五隊、砲隊二隊及長州藩的整武隊，明治時代有名的軍人篠原國幹、野津鎮雄（以上二人為薩摩）以及山田顯義、三浦梧樓（以上二人為長州）等將領都在此次戰役開啟他們戎馬的生涯，四人中年紀最輕的三浦雖最為長壽，際遇反較早逝的其他三人坎坷。三浦梧棲生於弘化三（一八四七）年，曾就學於藩校明倫館，之後加入奇兵隊，歷經四境戰爭和戊辰戰爭。維新回天後進入兵部省，參與平定萩之亂及西南戰爭，因功晉升至陸軍中將，這是三浦在軍方的最終階級。

雖然出身主宰陸軍的長州藩，不過三浦和長州閥陸軍領袖山縣有朋不和，在接下來的自由民權運動期間，三浦違反甫於明治十五（一八八二）年一月以明治天皇名義頒布的《軍人敕諭》中「軍人不得過問政治，只能盡本分、守忠節」等條目，提出附和民權派開設議會、制定憲法的建白書，於是遭到降級為陸軍士官學校校長、熊本鎮台司令官的處分，最後更被編為預備役，永遠失去晉升陸軍大將的機會。之後三浦先後成為學習院院長及貴族院議員（爵位為子爵），日清戰爭結束後被任命為朝鮮特命全權公使。儘管證據不十分確鑿，但是一般咸認三浦在擔任公使期間指揮了「乙未事變」（閔妃暗殺事件）。

晚年自號觀樹，大正十五（一九二六）年去世前一年完成的生涯回憶錄《觀樹將軍回憶錄》，該書對於慶應四年一月五日在富之森的激戰有如下的記載：

三浦大聲喊道：前進！部屬雖向前突進，自己卻雙足遭敵彈狙擊從河堤跌落下來。儘管抓著河堤上的草往上爬，依然對部屬下令前進。部屬跨過我軍屍首突進至淀橋，後續突進的諸藩藩兵見狀說道，如此一來就不用擔心了。紛紛往安全的地帶移動。

觀樹將軍在回憶錄有意不提當年之勇，但是對照參與此役的新政府軍及幕府軍成員的日記或傳記可知，富之森激戰堪稱鳥羽・伏見之戰中最慘烈一役。最初只是雙方在陣地旁河堤兩邊的田地以槍枝互射，薩摩藩兵監軍椎原小彌太以及市來勘兵衛小隊長戰死，另有多位小隊長負傷。幕府軍以會津、桑名、大垣等譜代諸藩藩兵為主力，儘管槍枝不如新政府軍精良，甚至如京都見廻組仍以刀劍為主，但幕府軍依舊奮力作戰。

晝四時左右，新政府軍繼續派出大砲隊砲擊幕府軍陣地，想藉此打破僵持的戰局，由大砲隊隊長大山彌助指揮底下的砲兵發射四斤山砲。幕府軍也推出會津藩大砲隊應戰，會津藩大砲隊雖在第一日作戰折損林權助、又三郎父子，但在另一名大砲奉行白井五郎大夫的指揮下，幕府軍以不輸新政府軍程度的火力還擊。大山彌助被雙方互射的流彈射穿右耳，大山為了維持全軍士氣，強力裝作若無其事，以一如往常的語氣下令大砲隊全員手執槍枝，打散隊伍與小銃隊員一起作戰。

為何大山彌助會下這道命令呢？十九世紀的砲彈大致上可分成榴彈（通過某種工具或手段把彈藥投擲到目標地點）、霰彈（在鋅殼或鋼皮殼內先裝滿鐵鑄彈丸，再以木屑充滿間隙。射擊時彈殼先破裂，然後彈丸分射出來）以及榴霰彈（彈頭裝有定時引信，能在預定目標上空爆炸或者擊中目標後爆炸，有較為強大的殺傷力）三種，不過，大砲雖是歐陸十九世紀以後戰場上的要角，但是在日本不管是傳入或發展都甚為遲緩，很難在戰場上扮演決定勝敗的角色。

大山柏的《戊辰役戰史》對於砲兵有如下記載：

……多數四斤山砲的口徑為八十六點五公釐以下，以前述三種砲彈砲擊，其最遠射程約二千六百公尺，但多數時候射程會在一千公尺以內，因此經常要步砲同線射擊。

從大山的敘述來看，新政府軍雖有砲兵，但砲兵因射程有限經常要與步兵協力射擊。

另外，據薩摩藩參戰者中原猶介、平吉左衛門二人的回憶錄，新政府軍的大砲還有砲彈無法爆破及大砲膛炸的缺點，有數名砲兵因為操作大砲不當遭到膛炸死去，這些缺點在在抵銷砲隊在戰爭的貢獻及實用性，因此大山會下達大砲隊員改執槍枝的命令也就不令人感到意外。附帶一提，戊辰戰爭結束後大山彌助有感於鳥羽．伏見之戰期間四斤山砲的缺失，從減輕重量及加長砲管兩方面著手進行改良。改良後仍稱為四斤山砲，也稱為彌助砲，是明治時代前期陸軍的主要武力。

以幕末時期薩摩藩的編制來看，一門四斤山砲由砲兵頭一人、砲手二人、照準手二人、搬送手二人共七人構成，薩摩藩在富之森配備兩隊砲兵隊，一隊有八門四斤山砲，兩隊十六門，換言之等於新政府軍增添了一百一十二名可持槍射擊的兵力。

大山讓砲兵成為槍兵後新政府軍的攻勢逐漸變得流暢，接近中午時分，幕府軍陣地為新政府軍攻下，部分幕府軍後撤至淀城，途經淀小橋遭到部分當地民家的攻擊。中午過後，會津藩大砲奉行白井五郎大夫被薩摩藩兵狙擊，當場戰死，武器裝備不如新政府軍的幕府軍逐漸呈現敗象，即便幕府軍仍有戰意也不得不收兵撤往淀城。

晝八時左右，前節提到的大將軍宮與錦之御旗於此時前來，《東伏見宮家記》有如下記載：

苦戰的官軍，在淀河堤邊參拜大將軍及錦旗，雀躍喜悅之聲響徹天地，官軍勝利之聲不絕如縷。

幕府軍看到錦之御旗的出現也知道那是代表天皇的旗幟，下意識裡難免浮現「如此一來我們不就等同於賊軍嗎」的想法，一旦整個幕府軍意識到自己成為賊軍，鳥羽．伏見之戰幾乎可以不用再戰，幕府軍內部士氣和戰意就先行崩潰了。

今日從京都賽馬場附近的淀小橋往東約一公里，有個名為千兩松的場所，據說千兩松是由太閤豐臣秀吉命名而流傳至今，千兩松在富之森之戰後約兩個小時也展開一場不遜於前者的激戰。

從淀城而出的幕府軍主力前往鳥羽街道上的富之森，狹窄的千兩松不利於密集性的部隊決戰，因此幕府軍只派出部分的會津藩兵和新選組參戰，後者尤為主力，新政府則以長州藩兩個中隊和薩摩藩小銃隊（隊數不詳）及臼砲隊應戰。

千兩松的作戰約與富之森同時，可是據明治時代曾任東京帝國大學總長的山川健次郎（《京都守護職始末》編纂者山川浩之弟，大山巖夫人捨松是其妹）編纂的《會津戊辰戰史》記載，從淀前往千兩松的幕府軍只有土方率領的三十餘名新選組隊士，在整個鳥羽．伏見之戰首次出現幕府軍人數少於新政府軍的戰役。

從筆者在前作的敘述可知，新選組從慶應三年因隊士的出走、切腹、內訌而逐漸式微。而筆者在前章又提到鳥羽．伏見之戰前夕新選組局長近藤勇為出走的御陵衛士狙擊，近藤雖保住一命但從此無法拿劍，新選組的指揮權也順勢落到土方手上。奉命於危難之間的土方，率領的已非文久、元治年間全盛期的新選組，永倉新八、井上源三郎、原田左之助等三十餘名隊士願意追隨土方參戰恐怕是念在文久以來的舊情多過於土方的命令。

儘管每位新選組隊士都有熟練的劍技和集團戰術，但是在米尼葉槍約二百七十公尺的有效射程之前，熟練的劍技和集團戰術顯得一無是處。畢竟劍技和集團戰術在近身才能施展開來，而米尼葉槍卻能在二百多公尺外一槍結束一位熟練劍技和集團戰術的劍客性命。以新選組隊士為幕府軍主力的千兩松之役可說是刀劍和槍枝（或冷兵器和熱兵器）的對決，前者注定要落敗。

開戰不久，新選組便出現重大傷亡，與近藤、土方、沖田同為天然理心流試衛館同門的六番組組長井上源三郎腹部中彈當場死去，享年四十歲。源三郎外甥泰助（當時年僅十三歲）原本打算將其首級與佩刀帶回故鄉武藏國多摩郡，但是帶著首級與佩刀使得泰助的行動變得不便，為求方便泰助只得先將源三郎的首級和佩刀葬在附近的寺院，以求日後取出運回武藏。據當地鄉土史學家考證，源三郎首級和佩刀的埋葬地為墨染附近的欣淨寺，不過墨染位於伏見奉行所，與千兩松有著數公里的距離，亦有部分鄉土史學家認為位在淀城附近的欣淨寺可能性較大，可惜這座可能性較大的欣淨寺毀於數年後「廢佛毀釋」的浩劫中，位於今東京都日野市日野本町的寶泉寺境內有源三郎的碑與墓，應該只是衣冠塚。

在新選組裡擔任諸士取締兼監察的山崎烝也跟著中彈，退出戰場，在數日後返回江戶途中的船上死去。此外，真田四目之進、田村大三郎、古川小二郎、今井裕二郎、三品一郎、小林峰三郎、鈴木真人、林小五郎、水口市松、逸見勝三郎、諏訪市次郎、櫻井數馬等十二人連同井上共十三人都在千兩松戰死。率領新選組隊士的土方看到眾多死者內心想必難過至極，他們的死不是因為技不如人，而是兵器不如人，長久以來執著於刀劍的土方終於有所領悟：

看樣子今後的戰爭，再也不是北辰一刀流或天然理心流就能搞定，舞刀弄槍的時代已經結束了。

五日這天在富之森部分新政府軍傷亡為薩摩藩兵戰死者十名、負傷者廿五名；幕府軍部分戰死者不詳，在新政府的砲擊及槍擊下，負傷者高達六百名。根據數日後為會津藩傷兵治療的英國駐日公使館外交官兼醫官威利斯（William Willis）的回憶，他一共取出二十三個子彈，在二百人體內取出被砲彈、子彈炸碎的碎骨，並進行三十八次切除小指頭到切斷大腿骨等大小程度不一的外科手術。千兩松新政府軍傷亡的情形為薩摩藩兵戰死者八名、負傷者十七名；長州藩兵戰死者七名、負傷者四十名。幕府軍戰死者為新選組十三名，負傷人數不詳。

富之森和千兩松兩地作戰到晝八時左右均已結束，挫敗的兩地幕府軍欲退往淀城，不久再撤往橋本（京阪本線橋本驛一帶，京都府八幡市）、八幡（石清水八幡宮所在的男山一帶，京都府八幡市），幕府軍至此已將近退出伏見。對幕府軍而言還有一個更為不利的消息，朝廷在五日晚命新政府議定德川慶恕前往接收二條城，徹底斷絕幕府在京都的據點。

前章提到的慶喜心腹二條城留守役梅澤孫太郎雙手奉上二條城，翌日，新政府軍護送留守二條城的幕府人員到近江草津，讓他們返回江戶。新政府在二條城暫時設置太政官代，幕府自此失去京都有力的據點。

七、淀藩的倒戈

筆者在前一節佩刀提到位在山城國的淀藩，在進入本節的內容之前簡單介紹淀藩的歷史。幕末淀藩藩主為稻葉美濃守正邦，他在慶應二年四月十三日被任命為老中，不過江戶幕府開府時，稻葉氏並非在現地，而是經過多次移封才來到淀藩。

說到稻葉氏，不少讀者應該會想到戰國時代西美濃三人眾之一的稻葉良通（法號一鐵），不過一鐵的嫡系位在豐後國臼杵藩，屬於外樣大名；淀藩則屬於一鐵的旁系，在整個江戶時代裡，稻葉氏旁系的地位及影響力遠勝嫡系。

一鐵次男重通雖育有二子，但依舊為女兒招了名為稻葉正成的婿養子，後來正成之妻早逝，重通將收養的養女阿福（生父齋藤利三乃重通之姻親）作為正成的繼室。正成的繼室即是日後權傾江戶城大奧的春日局，隨著阿福成為二代將軍秀忠嫡男竹千代（元服後改名家光）的奶媽，成為浪人的正成也交上好運被提拔為一萬石的大名，正成的繼承人也跳過長男由和阿福生下的次男正勝繼承。

拜春日局權傾大奧之賜，正勝不斷變更領地，石高也增加到十萬二千石，甚得家光信任的他被任命為老中，到移封至淀以前稻葉家接連三代被任命為老中。不過，稻葉家的運氣到第五代當主正知於享保八（一七二三）年移封到淀藩後似乎已告用盡，正知之後出現接連數代短命早逝的藩主，在正邦之前只有第七代藩主稻葉正諶從奏者番一路晉升至寺社奉行、大坂城代、京都所司代，並在松平定信老中首座的延攬下參與幕府三大改革之一寬政改革。

稻葉正成和春日局的血緣只到第十代藩主稻葉正守為止，長壽卻無子嗣的他收養越後高田藩藩主之子正誼為養子後，不到四十歲的年紀宣布隱居。詎料正誼與前面數代藩主一樣短命早逝，正守收第十代陸奧二本松藩藩主丹羽長富七男長之助為正誼的養子，即第十二代藩主稻葉正邦。

文久三年起，正邦陸續擔任京都所司代及老中（兩次），這段期間正邦人幾乎不在藩國內，擔任老中期間則遠赴江戶。此次鳥羽．伏見之戰，正邦與小笠原壹岐守長行等多位老中留守江戶城，藩內要事交由家老決定，換言之，淀藩家老——特別是城代家老田邊權大夫（名信尚）手握淀藩支持新政府軍或幕府軍的決定權。

儘管在鳥羽．伏見之戰淀藩並未實際出兵加入幕府軍，淀藩依舊被視為幕府軍的一支，這在當時任誰來看都是理所當然，淀城也因地理位置被幕府軍作為前哨基地。淀藩的京都留守居役岡鉚之助熟知京都的一舉一動，在鳥羽．伏見之戰開打前他已不看好幕府軍，只是囿於譜代的身分不便與幕府為敵，在與田邊家老及藩目付石崎郁藏等人討論後決定淀藩只提供城郭供幕府軍進駐而不參戰。

四日大將軍宮帶著「錦之御旗」及一部分新政府軍來到東寺，錦之御旗的出現代表跟隨在旁的薩、長、土三藩藩兵為官軍，與之敵對的幕府軍則淪為賊軍，與賊軍共事——哪怕只是提供城郭——自然也會被視為賊軍。幕府的恩情固然不能拋棄，但是當幕府已成為賊軍時，難道要跟著一起沉淪嗎？朝廷派出新政府議定德川慶恕勸說淀藩與幕府劃清界線、嚴守中立才不會被視為賊軍。

為何朝廷會選擇德川慶恕為使者呢？因為慶恕的正室矩姬是已故前二本松藩藩主丹羽長富之女，是正邦與第十一代二本松藩藩主丹羽長國的異母姊。朝廷正是看上這層關係才命他擔任勸說的使者，慶恕不負使命完成任務，五日幕府軍前往富之森陣地作戰後田邊家老下令淀城關上城門，禁止幕府軍進入。

晝八時，敗退的幕府軍想要進入淀城卻發現已無法進城。

怎麼回事？我們可都是幕府軍！

城門依舊閉鎖。

本城不能讓賊軍進駐。

敗退的幕府軍只好繼續往東南方撤退，通過淀大橋後燒毀橋梁，屯駐男山兩側的橋本和八幡，想藉著男山這座天險與新政府軍對抗。

鳥羽・伏見之戰第三天的戰事到淀城拒絕開城門、幕府軍撤往橋本・八幡後告一段落。標高一百四十三公尺的男山成為幕府軍與新政府軍負隅頑抗的最後憑恃，如果這裡再失守幕府軍只剩撤往大坂一途了。

八、橋本以及八幡兩地之戰

男山是奈良境內生駒山脈延伸的最北端，地勢雖不高，卻有著極為重要的地理位置，宇治川和桂川在淀匯合後流經男山和西山山系南端的天王山之間始稱為淀川。夾在生駒山脈北端男山和西山山系南端天王山（標高約二百七十公尺）之間猶如地峽般的淀川是古代大坂進入京都的要道，現今的京阪鐵道、JR東海道本線、東海道新幹線、名神高速公路以及國道一七一號也都是從兩山之間的這道地峽通過。

說到天王山，相信不少讀者會想到距鳥羽・伏見之戰二百八十六年前的山崎合戰，當時秀吉採取破釜沉舟的「中國大折返」使他搶先在信長所有家臣之前返回京都，因而取得討伐明智光秀的主導權，率領信長眾家臣在天王山一役擊敗光秀，結束其短暫的「三日天下」，為秀吉的時代揭開序幕。

撤退至橋本的幕府軍增添駐守此地楠葉台場的小濱藩兵四百五十名及丹後宮津藩兵一百五十名（皆為譜代）。另外，在天王山上的山崎關門有畿內屈指可數的大藩津藩一千名藩兵駐守。有了這一千六百名兵力的加入，幕府軍一掃三日來敗退的陰霾，部分樂觀派認為幕府依舊大有作為。

此時駐守在橋本．八幡以及天王山的幕府軍除了津藩為外樣外清一色皆為譜代，為何屬於外樣的津藩可以得到幕府的信任、派兵駐守大坂到京都的要地天王山呢？因為津藩藩祖藤堂和泉守高虎在秀吉去世後主動接近家康，在關原之戰、江戶城普請及大坂之陣出力甚多，高虎的聰明才智及圓滑世故的處世之道得到家康的高度評價，也為自己贏得三十二萬三千九百石的石高。雖是出身外樣，卻給予譜代大名格的待遇，信任程度不僅居所有外樣之冠，甚至還凌駕在部分譜代之上。自慶應元年津藩被賦予警備山崎關門的任務，舉凡大和天誅組之亂、禁門之變以及兩次征長之役津藩都響應幕府的動員令出兵征戰，稱職的扮演譜代大名格的角色。

鳥羽・伏見之戰津藩雖仍接受幕府的動員，派出千名藩兵支援幕府，不過第十一代藩主藤堂高猷和家老伊賀上野城代藤堂采女（名字為元施）等人早已定調這場戰役：

這是薩長與會桑的私鬥，切勿參與任何一方以免賠上我藩三十二萬三千石的將來。

因此藤堂高猷決定在戰役結束前嚴守中立，不參與任何一方。從開戰的第一天晚，幕府幾次派出使者要求津藩實際參與戰爭，但都未能改變津藩事先抱定的想法，此時的津藩不禁讓人想起關原之戰時的毛利家和島津家，任憑石田三成派出使者如何的動之以情，毛利家和島津家不是全軍吃便當給使者看就是索性不理不睬。

到了五日晚，津藩改變中立初衷，決定倒向新政府軍。錦旗奉行四條隆平（七卿落之一四條隆謌之弟）在長州藩兵的護衛下，與薩摩藩士海江田信義於夜四時半一同前往天王山下的寶積寺（京都府乙訓郡大山崎町）與藤堂采女會面。由於錦之御旗已經出動，四條隆平又是以朝廷敕使身分前來勸說津藩，藤堂采女很清楚知道如果不接受四條敕使的勸說，那麼津藩也將淪為賊軍，因此藤堂沒有猶豫便答應成為官軍的一員。

六日天未明，藤堂采女修書一封送往天王山下橋本的幕府軍陣營，大意為藤堂家決不敢忘記德川家的恩顧，然而，敕使下令我藩攻擊幕府，藩主左右為難，儘管內心仍向著幕府，表面上不得不含淚遵從敕命。藤堂采女的書信寫得很好聽，把津藩倒戈的原因歸諸於敕命不得不從。藤堂采女為了讓津藩在新政府取得一席之地，天一亮便下令津藩砲擊天王山下的幕府軍(具體時間有爭議，一說是接近中午晝四時半)，駐紮在山下橋本陣地的桑名藩、小濱藩、宮津藩等藩兵沒有料到津藩會背叛幕府，在毫無防備的情形下陣腳大亂。

另一方面新政府軍進攻八幡，橋本陣地的幕府軍由於受到天王山上的津藩砲擊而無法前往支援，因此八幡陣地的幕府軍由會津藩兵指揮官佐川官兵衛統領包含京都見廻組、新選組在內應戰。佐川官兵衛為人謙恭敦厚，在戰場勇猛善戰、指揮得宜，頗得會津藩兵愛戴，素有「鬼之官兵衛」美稱。在他帶領下，前鋒京都見廻組、新選組紛紛拔出刀刃衝向新政府軍。

射擊！一個也不准放過。

新政府軍面對衝上前來的幕府軍前鋒毫不留情地開槍，在最前頭的京都見廻組隊士陸續有人倒下，見廻組組長佐佐木只三郎率先中彈倒地，渡邊吉太郎、高橋安次郎、桂隼之助、土肥仲藏、櫻井大三郎與龍馬暗殺事件相關的隊士也先後中彈死去。佐佐木只三郎中彈並未立即死去，當日跟隨撤退的幕府軍退到守口、枚方（均位在大阪府）一帶，十二日跟隨其他傷兵退至紀伊境內的紀三井寺（和歌山縣和歌山市紀三井寺）傷重死去，享年三十六歲。紀三井寺住持為佐佐木建造墓所，如今在紀三井寺及會津武家屋敷（福島縣會津若松市東山町）均有佐佐木只三郎之墓。

近年來因直木賞作家淺田次郎的著作《壬生義士傳》（分別於二〇〇二年及〇四年先後改編成電視劇及電影）而聲名大噪的吉村貫一郎，在鳥羽・伏見之戰期間戰死，惟確切情況不詳。根據收藏在御香宮神社的《戊辰東軍戰死者靈名簿》記載，他在這日與新政府軍作戰時中彈，似乎因傷重無法撤退而切腹，享年三十一歲。

至夕七時，幕府軍在橋本、八幡二地均潰不成軍，總督松平正質、竹中重固、瀧川具舉等人做出轉進到枚方再召開軍議的共識，各自率領部隊撤軍，不過實際上根本不是轉進，而是敗逃。今日的枚方市位居京都、大阪之間成為通勤人口眾多的衛星城市，不過枚方在江戶時代是淀川河運的中繼河港，不少船家在此興建船宿帶動此地的繁榮，而且此地的淀川河岸屬於丘陵地，適合在此構築工事襲擊即將追擊而來的新政府軍。可是幾乎所有參與軍議的人都沒有駐守枚方的意願，竟然也主動放棄淀川進入大坂的門戶守口而直接進入大坂城，可見一連四日的挫敗讓幕府軍將領失去正常的判斷力。

這一日新政府軍的傷亡為：薩摩藩戰死六名、負傷廿六名；長州藩負傷十四名；津藩戰死一名、負傷九名；幕府軍在這一日的傷亡不詳。據曾任京都靈山歷史館主任委員明田鐵男編纂的《幕末維新全殉難者名鑑》，鳥羽・伏見之戰新政府軍死者為薩摩藩七十二名、長州藩三十八名、土佐藩二名，共計一百十二名。幕府軍方面為德川家一百名、會津藩一百廿三名、桑名藩十一名、大垣藩十名、濱田藩五名、新選組廿九名，共計二百七十八名（《戊辰東軍戰死者靈名簿》與此略有出入，為二百九十四名）。總計雙方戰死為三百九十名，若再加上無法辨認容貌的死者估計應有四百名左右。不過這種計算方式恐怕有問題，因為並未將倒戈的津藩計算在內。其次，有沒有包含在這四天內受傷、而在戰爭結束後才死去的（如佐佐木只三郎）並未清楚指出。京都見廻組在這四天戰死的隊士並沒有獨立計算，顯然不是算在德川家便是算在會津藩，到底算在哪一邊並無清楚載明。

日本史家通常把德川家康受封征夷大將軍的關鍵戰役關原之戰稱為「決定天下的戰役」（天下分け目の戦い），鳥羽・伏見之戰論規模及傷亡程度相較都無法與關原之戰比擬，而且戰役經過四天才取得決定性的勝利也比關原歷時更久。不過，撇開上述的差異，兩役均有助於勝者取得天下的貢獻，從這一角度來看，稱鳥羽・伏見之戰為「再一次的決定天下」（第二の天下分け目）似乎更為貼切。

九、陣前逃亡的慶喜

開戰後人一直在大坂城裡的慶喜，三、四兩日都未傳來捷報的消息，慶喜並不氣餒，對於幕府軍仍深具信心。五日傳來錦之御旗飄揚在富之森陣地時，慶喜的作戰意志似乎受到動搖，不過他表面上仍不動聲色。六日下午，慶喜為提振從橋本・八幡撤退、短暫逗留枚方後返回大坂城的幕府軍士氣，親自在大坂城大廣間召開軍議討論今後的方針，只要軍階在隊長以上皆可自由參加。

也許是剛從戰場上狼狽的敗退，諸藩家老、將領、隊長個個沉默不語。此時會津藩家老神保修理（名為長輝）主張撤退返回關東，說道：

山崎天王山和八幡山（男山）陷落後，大坂城岌岌可危。不如暫且返回江戶，在碓氷峠、小佛峠（東京都八王子市與神奈川縣相模原市交界的關卡，位在甲州街道上）、箱根山等地部屬兵力以防新政府軍的進攻。

養傷中的近藤勇反對神保的說法，說道：

給我三百兵配置在兵庫和堺，由我在城內下令。我足足能守住一個月，這段期間請關東調派兵力前來支援。若是戰敗，我也有戰死在城內的覺悟。

乍聽之下，神保修理的主張充斥著悲觀的失敗論，而近藤的死守大坂城則有提振敗軍士氣的作用。然而，經過深刻思考便能發現近藤的主張過於無知。筆者在序章已有提到近藤於去年十二月十八日在伏見奉行所附近遭到篠原泰之進等御陵衛士殘黨狙擊，右手幾乎無法拿劍，這樣的人給他三百兵力真能守住大坂城嗎？新政府軍幾乎篤定會沿著淀川進攻大坂，把兵力配置在靠海的兵庫和堺豈不過於愚蠢？

為何近藤會說出這番近乎外行的話呢？原來當時傳出幕府要提拔近藤為旗本的傳聞，近藤對此信以為真，一心想要在將軍面前表現一番。對於好不容易才能參加的軍議，脫口說出連自己也做不到的事，數日後歷史證明近藤不僅守不住大坂城，他更沒有戰死在城內的覺悟。

大抵說來，新舊政權交替之際，舊政權面臨新勢力的進逼總會出現或和或戰、或守或退的意見，只要能提出迎合當政者的意見不僅多半會得到採納，提出者也會被視為忠良。惟當政者面臨此局勢多半不能心平靜和，因此較為消極或不中聽的見解——通常較好的策略多半屬於這一類——往往不被採納。以當時的情形來看，慶喜放棄大坂、撤回關東未嘗不是良策，然而慶喜並沒有接受神保的主張。以慶喜的身分在那樣的場合，若公然採納神保的主張，幕府軍氣勢恐怕一瀉千里。自古以來不會討好當政者的人多半不會有好下場，神保亦不例外，他的意見在此時不被接納，約一個半月後更為此番言論背負蠱惑主上的罪名而負起應有的責任。

據《德川慶喜公傳》記載，慶喜在軍議最後說道：

> 今日之事並非我們與朝廷為敵，而是在清除君側之奸。君側之奸不除天下之事不可為，然而不幸戰敗。此城縱令化為焦土也應死守。我若死於此處，諸位關東忠義之士務必繼承吾志。

慶喜的一番話讓在場的幕府軍將士為之振奮，一掃四天來敗戰的陰霾，眾人無不期盼神君家康使用的金扇大馬印能夠再現於隊伍前頭，到時必然也能像神君一樣所到之處戰無不勝。

然而，慶喜又再一次上演一個月前不聲不響撤出二條城的行動劇，這一次是撤出大坂城。就在眾將士懷著無比亢奮的情緒準備明日的作戰，慶喜卻在當晚夜四時偕同松平容保、松平定敬、板倉老中首座、老中姬路藩主酒井雅樂頭忠惇、若年寄淺野美作守氏祐、若年寄並兼外國惣奉行平山圖書頭敬忠、大目付戶川伊豆守忠愛、目付榎本對馬守道章、外國奉行兼陸軍奉行山口駿河守直毅、醫師戶塚文海等人從大坂城後門逃出，來到八軒屋（大阪市中央區）的碼頭。在美國駐日公使瓦爾肯布赫（Robert Bruce Von Valknburgh）的協助下，搭乘美國軍艦前往兵庫沖，然後在七日曉七時抵達兵庫沖轉搭停泊該地的幕府船艦逃回江戶。

慶喜的行動等同於陣前逃亡，自古以來陣前逃亡的士卒多到難以勝數，陣前逃亡的將領雖不如士卒之多，也不乏其人。至於陣前逃亡的總大將可就屈指可數了，尤其是全軍處在士氣高昂的情形下還發生總大將陣前逃亡，慶喜可能是日本史上第一人。

阿波沖海戰結束後，參與海戰的五艘幕府船艦悉數停泊在兵庫沖，慶喜選定排水量最大的開陽丸。不過，當時的開陽丸艦長榎本和泉守武揚上陸洽公，只有副艦長澤太郎左衛門及十餘名水手在船艦上，於是慶喜向副艦長下令駛離兵庫沖。離開兵庫沖的時間是八日晚上，上船返回江戶的除了前述人員外，還多了慶喜的側室阿芳及其生父新門辰五郎（幕末江戶消防組織的首領），多搭載這兩人似乎成為慶喜延遲一日多才離開大坂的主因。

該如何看待慶喜的陣前逃亡行為呢？部分學者認為慶喜自幼受到水戶學薰陶而有濃厚的尊王思想，寧願親手終結幕府也不願與朝廷開戰、背負朝敵的罪名。因此當一月五日錦之御旗出現在鳥羽街道的消息傳進慶喜耳裡，他當下即失去與朝廷作戰的勇氣，為了避開與朝廷的再次作戰，慶喜連夜棄守大坂城返回江戶，直到晚年在舊幕臣澀澤榮一編纂的《德川慶喜公傳》及回憶錄《昔夢會筆記》慶喜都還再三強調他本人並不想與朝廷作戰。然而，如果慶喜內心不願與朝廷作戰，在鳥羽．伏見之戰期間他應挺身而出主導雙方的停戰或透過列強及其他雄藩進行調停，但是在這四天期間並無慶喜為停戰而奔走的紀錄。

歷史上的名將領並非都是百戰百勝，即便如武田信玄、織田信長、德川家康等戰國名將也會吃下砥石城、美濃攻略、三方原等敗仗。名將並不會因為這些敗仗折損他們在歷史上的盛名，即便身處險境，上述將領也不曾抛下部將獨自逃生，這才是上述三將能有名將美稱的條件之一。慶喜不曾遭遇上述三將的險境，卻在眾將士對他有所期待的時候抛棄他們獨自逃走，陣前逃亡讓慶喜的評價一落千丈，即便在木戶準一郎的眼中他猶如「家康再世」，最終卻落得與家康南轅北轍的評價。

搭載慶喜一行的開陽丸於十一日朝五時抵達品川沖，慶喜於晝四時半進入江戶城西丸，這是慶喜自文久三年十一月上洛後四年多來首次返回江戶。失去主帥的大坂城想必是雞飛狗跳吧？它最終的下場會是如何呢？

十、大坂城炎上

主上陣前逃亡！

慶喜逃離大坂城的消息七日一早傳遍全城，諸將士原本興奮期待的情緒霎時化為哀傷、生氣、萎靡、失神、瞋怒、恚恨……呼天叫地者有之，捶胸頓足者亦有之，更多人選擇默默啜泣。會津藩士淺羽忠之助哀慟號泣：

我方將士苦戰不利，死傷甚多。公卻做出捨棄將士獨自東下的不義行為，他日有何顏面面對這些將士？

昨日還在日記盛讚慶喜的激昂演說，寫下「所有將士立誓戰死在主上馬前」的桑名藩士中村武雄，在得知慶喜逃走後在日記記下他此舉是：

天魔的所為！

再多的號泣、再多的憤怒也挽不回慶喜拋下他們獨自逃亡的事實。主帥陣前逃亡，大坂城裡幕府軍的士氣恐怕與二百多年前決戰天王寺前一日的豐臣方不相上下吧！

巧合的是新政府總裁有栖川宮熾仁親王召集議定、參與及在京諸侯在這一日參內，有栖川宮總裁在小御所發布「慶喜追討令」，等於向天下宣布慶喜為朝敵。其實這並不令人意外，既然錦之御旗都已出現了，與擁有錦旗敵對的軍隊即是賊軍，賊軍之首自然也就是朝敵，慶喜成為朝敵可說是意料中事。儘管慶喜成為朝敵是意料中事，接下來可以預期的事是跟隨著錦之御旗前去征討朝敵，因此有栖川宮要在京諸侯對此事表態時，在京諸侯竟然顯得畏縮、遲疑，而不願乾脆的表態。議定之一的岩倉看不下去，起身發言說道：

是要真心誠意的遵奉朝廷命令，或是不願遵奉朝命返回藩國，再者或是出於私情前往大坂。不管選擇何者朝廷都予以尊重，放寬心情選擇該走的方向，即刻提出誓書（記載發誓內容的文書）。

這些在京諸侯還未聽聞慶喜陣前逃亡的消息，對大坂還抱持希望，誰也不願率先表態。岩倉所講的內容清晰明確，口氣也還算溫和，但是帶有不容反抗的氣勢，在京諸侯在薩摩、土佐、尾張、熊本、宇和島、鳥取等親藩和外樣大藩的氣勢壓迫下，紛紛遞上誓書向朝廷宣誓效忠。這一幕很容易讓人聯想到關原之戰前夕的小山評定，德川家康也用類似的方式收服在場所有武將（差別在於他本人不出聲，派出易於操控的福島正則）。

既然提到岩倉，且容筆者再提一下他的手腕。那是發生在「慶喜追討令」發布之前，他與容堂的一則軼事：

七日這天，議定岩倉具視面帶嚴肅闖進駐紮在大佛（東山方廣寺）的土佐藩本陣。剛好遇上山內容堂，岩倉開口說道：在宣布德川氏為朝敵之前有事先告知，如果您認為這份朝旨的頒布過於輕率，那麼您大可速去大坂與慶喜共進退，我絕不記恨在心，不過即便您現在立即出發也來不及了。言下有恫嚇土佐若繼續維持現狀（不幫助新政府）也會成為朝敵。

「朝敵」二字起了關鍵的作用，只見容堂脫下頭盔說道：我今日還在等候德川慶喜的行蹤，關於討伐的敕令我必定恭恭敬敬的接受。為了皇國當然要盡己微薄之力，這部分請儘管吩咐。

向來忠於幕府的土佐藩自此完全放棄對新政府的對抗。

慶喜一行人離開後，大坂城內以鳥羽．伏見之戰的幕府軍總督松平豐前守正質、副總督塚原但馬守昌義、陸軍奉行竹中丹後守重固三人地位最尊。其中松平是老中，塚原是若年寄，竹中是若年寄並，不僅在鳥羽．伏見之戰的軍階最高，在幕府的職務也是大坂城內無人可及，但就連這三人也無法安撫大坂城內低迷、混亂的士氣。「慶喜追討令」發布的消息旋即傳至大坂城內，這三人判斷以現在的守軍士氣無論如何也無法守住大坂城，與其在此無謂的犧牲，不如讓他們循陸路徒步返回各自的藩領，以待日後幕府的動員。至於負傷眾多的藩和諸隊如會津藩和新選組則允許全員搭乘其他四艘船艦沿海路返回，新選組因傷患眾多，因此肩傷未癒的近藤和已病入膏肓的沖田以及土方搭乘噸位數較大的富士山丸返回江戶。富士山丸除了搭載新選組隊士外，同時運走大坂城內積存的十八萬兩，這十八萬兩後來挪出十五萬兩用在建立箱館政權的軍用資金上。

三人並做出大坂城暫時引渡給尾張、越前二藩處理的決定。

八日新政府以在鳥羽．伏見之戰加入幕府軍為由，禁止讚岐高松藩、若狹小濱藩、伊予松山藩、大垣藩、鳥羽藩、丹後宮津藩、日向延岡藩等七藩進出御所九門（亦即不得參內），這七藩不是親藩的支藩（御連枝、御家門）就是譜代。

十日新政府下令剝奪慶喜、容保、定敬和讚岐高松藩主松平賴聰、伊予松山藩主松平定昭、備中松山藩主板倉勝靜、上總大多喜藩主松平正質以及若年寄永井尚志、塚原昌義、若年寄並兼陸軍奉行竹中重固等二十餘人的官位，因為他們有著賊首、跟隨賊首、明顯反叛等罪名。此外沒收上述六藩（會津、桑名、讚岐高松、伊予松山、備中松山、上總大多喜）在京都的屋敷，然後進一步針對若狹小濱藩、大垣藩、鳥羽藩、丹後宮津藩、日向延岡藩等五藩藩主懲處，下令不得進入京都。

另外，長州藩士佐佐木次郎四郎率領德山、岩國的藩兵在九日搶先其他諸藩進入已在城門插滿白旗的大坂城。前文提到松平正質、塚原昌義、竹中重固三人做出大坂城暫時引渡尾張、越前二藩處理的決定，同時留下旗本妻木多宮坐鎮大坂城，大坂城雖引渡尾張、越前二藩處理，佐佐木次郎四郎仍須與妻木多宮交涉。就在兩人進行交城的談判時，突然聽到爆炸聲，不久，大坂城陷入熊熊烈火中。火舌迅速蔓延至大坂城各處，雖有尾張、越前二藩及德山、岩國的藩兵，但是他們及城內並無消防設施，因此只能任由這座天下名城在短時間內包括御殿及城內建築物統統燒毀殆盡。

大坂城為何會在談判過程中燒起來？到底是自燃？或是意外？是人為縱火？還是另有其他原因？相關人員之一的妻木多宮主張這是一起事故，換言之即不是意外。妻木提出諸如長州藩兵發射砲彈引爆城內的火藥造成火災、幕府軍主戰派不願完整交出大坂城因而事先備好火藥、長州藩兵在掠奪大坂城的財富時激起幕府軍的不滿而引燃火藥等說法，但是他也無法斷定大坂城燒毀的確定原因。由於妻木屬於失敗的幕府軍成員，一時之間曾有要他扛起大坂城燒毀的責任而引咎切腹的流言，然而最終證實並無此事，妻木在十日完成任務後經由伊賀路沿東海道返回江戶。

於是，幕末大坂城的燒毀與本能寺之變後安土城的燒毀成為難以解答的謎團。進入明治時代，政府於明治四（一八七一）年在大坂城原址設置大阪**鎮台**（明治初年陸軍的編成單位，一鎮台下轄二到三聯隊，明治六年徵兵制實施後沿用鎮台，至明治十八年由師團取代鎮台後廢止）後只復原本丸，到昭和六（一九三一）年才完成天守閣的復原，但毀於二戰期間美軍的轟炸，現在看到的大阪城是戰後從廢墟中重建的成果以及平成七年起「平成大改修」的成果。

慶長二十（一六一五）年五月八日，大坂夏之陣結束豐臣家滅亡，大坂城在兵荒馬亂中燒毀，德川家因此得了二百多年的天下。慶應四年一月九日，大坂城在讓渡給長州藩兵的交涉中不慎失火燒毀，德川家從此退出京坂，不久之後更是失去整片江山。德川家的天下因大坂城燒毀而興，也因大坂城的燒毀而亡。

從鳥羽．伏見之戰到一月九日短短數日，幕府不僅退出京都，也退出大坂，從此失去京坂這一政治、文化、經濟重鎮。錦之御旗的出現使得幕府軍淪為賊軍，將軍慶喜淪為朝敵，在京諸侯紛紛與之決裂，就連口口聲聲將「只要山內家在土佐的一天，決不允許土佐有違逆德川家的行為」的山內容堂也轉變為「恭恭敬敬的接受討伐的敕令」，西國幾乎快要沒有親德川的藩了。下一章理應敘述新政府軍的東下，不過筆者想先敘述新政府軍東下之前在神戶與堺發生的兩樁與外國列強衝突的事件，第三章再來談新政府軍的東下過程。

豆知識　日本最早的軍歌《宮さん宮さん》

慶應四年一月五日出現在鳥羽街道上的錦之御旗使幕府軍淪為賊軍並瓦解其士氣，進而使幕府軍招致潰敗，這點筆者已在本章第五節提過。除了錦之御旗外，還有公認日本最早軍歌的《宮さん宮さん》與錦之御旗都有提振新政府軍士氣的效用，本文就《宮さん宮さん》的由來及演變略作介紹。

《宮さん宮さん》正式名稱為《都風流トコトンヤレ節》，是日本最早的軍歌，從其歌詞內容來看是完成於鳥羽．伏見之戰以後、新政府軍東下江戶之前。在正式的資料記載作詞者為長州藩士品川彌二郎，他和木戶、伊藤等人都出身松下村塾。作曲者同樣是長州藩士大村益次郎，筆者在前作有提到很難想像不懂音律的大村有譜曲的才能。從曲名《都風流トコトンヤレ節》來看，「節」應與「トコトンヤレ」連用，讀作「ふし」。亦即《トコトンヤレ節》與《浪花節》一樣為一種地方性的曲調，《宮さん宮さん》應該只是從現有的地方曲調《トコトンヤレ

節》加以改編，而非出自某人的原創。但儘管只是從現有曲調改編，音感不佳的大村應該還是無法勝任，而常在酒席間演唱的中西君尾較有可能辦到，因此，由中西君尾改編地方曲調《トコトンヤレ節》的說法較具說服力。

《宮さん宮さん》在當前全球最大的視頻分享網站「YouTube」上找到的版本大致上有兩種，一為已故演歌歌手春日八郎演唱的版本（以下稱為版本A），一為由眾多男聲合唱的軍歌版本（以下稱為版本B）。版本A和版本B除了旋律上的差異外，歌詞方面也略有出入。版本A的歌詞如下：

一、

宮さん宮さんお馬の前にひらひらするのは何じゃいな

（宮大人，宮大人，在您的御馬前飄揚的旗幟是什麼？）

トコトンヤレ　トンヤレナ

（咚咚咚呀咚呀咚。）

あれは朝敵征伐せよとの錦の御旗じゃ知らないか

（您不知道那可是征討朝敵的錦之御旗嗎？）

トコトンヤレ　トンヤレナ

（咚咚咚呀咚呀咚。）

二、

一天万乗の一天万乗の帝王に手向かいする奴を

（膽敢反抗天子的傢伙們）

トコトンヤレ　トンヤレナ

（咚咚咚呀咚呀咚。）

ねらい外さずねらい外さずどんどん撃ち出す薩長土

（瞄準目標接連不斷射擊的薩長土）

トコトンヤレ　トンヤレナ

（咚咚咚呀咚呀咚。）

三、

音に聞こえし関東武士どっちへ逃げたと問うたれば

（聽到射擊槍聲的關東武士你要逃往何處去？）

トコトンヤレ　トンヤレナ

（咚咚咚呀咚呀咚。）

城も気概も城も気概も捨てて吾妻へ逃げたげな

（丟下城郭和氣魄往東國逃去吧！）

トコトンヤレ　トンヤレナ

（咚咚咚呀咚呀咚。）

四、

国を追うのも人を殺すも誰も本気じゃないけれど

（奪其藩國殺其人民並非出於本心）

トコトンヤレ　トンヤレナ

（咚咚咚呀咚呀咚。）

薩長土肥の薩長土肥の先手に手向いする故に

（是因為他們先反抗薩長土肥之故）

トコトンヤレ　トンヤレナ
（咚咚咚呀咚呀咚。）

版本B的歌詞大致如下：

一、
宮さん宮さんお馬の前にひらひらするのは何じゃいな
（宮大人，宮大人，在您的御馬前飄揚的旗幟是什麼？）
トコトンヤレ　トンヤレナ
（咚咚咚呀咚呀咚。）
あれは朝敵征伐せよとの錦の御旗じゃ知らないか
（您不知道那可是征討朝敵的錦之御旗嗎？）
トコトンヤレ　トンヤレナ
（咚咚咚呀咚呀咚。）

二、

一天万乗の帝王に手向かいする奴を

（膽敢反抗天子的傢伙們）

トコトンヤレ　トンヤレナ

（咚咚咚呀咚呀咚。）

ねらい外さずねらい外さずどんどん撃ち出す薩長土

（瞄準目標接連不斷射擊的薩長土）

トコトンヤレ　トンヤレナ

（咚咚咚呀咚呀咚。）

三、

伏見　鳥羽　淀　橋本　葛葉の戦いは

（伏見、鳥羽、淀、橋本、葛葉等眾多戰役）

トコトンヤレ　トンヤレナ

（咚咚咚呀咚呀咚。）

薩長土肥の薩長土肥の合うたる手際じゃないかいな
（不是因為薩長土肥合作無間嗎？）
トコトンヤレ　トンヤレナ
（咚咚咚呀咚呀咚。）

比較以上兩個版本可清楚發現版本A有四段歌詞，版本B只有三段歌詞，兩個版本的前兩段歌詞如出一轍。版本B的第三段將鳥羽・伏見之戰的每場戰役填入歌詞。另外在版本A和版本B的歌詞都有提到「薩長土肥」，然而實際上佐賀（肥前）藩並未參與鳥羽・伏見之戰，顯然是出於佐賀將與薩長土聯袂東下江戶這一政治目的才將在鳥羽・伏見之戰未立寸功的佐賀與薩長土並列。根據現收藏於國立國會圖書館（東京都千代田區永田町一丁目）的**錦繪**（用三種顏色以上重複印刷的木板畫，是浮世繪木板畫的最終型態，始於十八世紀末，盛行於幕末明治。錦繪必須由出版商、畫師、雕刻師、印刷師四者分工配合才能完成，寫樂的畫作及北齋的《富嶽三十六景》、廣重的《東海道五十三次》皆為錦繪的傑作）《都風流トコトンヤレぶし》，其歌詞如下（以下稱為版本C）：

一、

一天万乗のみかどに手向いする奴をトコトンヤレトヤレナ
ねらいはずさずどんどんうち出す薩長土トコトンヤレトヤレナ

二、

宮さま宮さまお馬の前のびらびらするのはなんじゃいなトコトンヤレトヤレナ
ありゃあ朝敵征伐せよとの錦の御旗じゃ知らなんかトコトンヤレトヤレナ

三、

伏見　鳥羽　淀　橋本　くずはの戦はトコトンヤレトヤレナ
薩土長肥の合うたる手際じゃないかいなトコトンヤレトヤレナ

四、

音に聞こえし関東武士どっちゃへ逃げたと問うたればトコトンヤレトヤレナ
城も気概も捨てて東へ逃げたなトコトンヤレトヤレナ

五、

国を奪うのも人を殺すも誰も本気じゃないけれどトコトンヤレトヤレナ

わしらが所のお国へ手向いするゆえにトコトンヤレトヤレナ

六、

雨の降るような鉄砲の玉のくる中にトコトンヤレトヤレナ

（在槍林彈雨中咚、咚、咚、呀咚、呀咚、）

命も惜しまず魁するのも皆お主のためゆえじゃトコトンヤレトヤレナ

（為了主上之故大家不惜性命往前衝鋒咚、咚、咚、呀咚、呀咚、）

＊：前五段與先前有所重複，因此筆者只譯第六段

從以上筆者的敘述來看版本A和版本B應是從版本C簡化而來，換言之版本C的完成早於前兩者。但是版本C是否為《宮さん宮さん》的原始版本這點筆者難以確定，在這三個版本之前或許還有一個（或一個以上）更為原始的版本。

對於與鳥羽．伏見之戰毫無關聯的現代外國人而言，可能不覺得有何冒犯之處，不過對於身歷其境的幕府軍諸藩將士或是其後裔子孫，《宮さん宮さん》的歌詞是難以承受的傷痛，特別是版本A第四段歌詞嚴重傷害幕府軍及站在佐幕立場的奧羽諸藩將士後裔子孫，

難怪日本有名的作家半藤一利先生會說：「每當我看到第四段就會大失所望，甚至覺得可恥。」

由於征討大將軍仁和寺宮嘉彰親王已在一月廿八日返回御所歸還節刀，征討大將軍也在同日解職，因此完成於新政府軍東下江戶（二月九日）前夕的《宮さん宮さん》，歌詞中的「宮さん」是指當時剛被任命為東征大總督的新政府總裁有栖川宮熾仁親王。

第二章

與外國士兵的衝突事件

一、神戶事件始末

就在慶喜搭乘開陽丸回到品川沖進入江戶城的同一日（1月11日，格列高里曆2月4日），剛於鳥羽．伏見之戰取勝的新政府軍在神戶與歐美列強法國發生衝突，此即「神戶事件」。「神戶事件」是新政府成立後在外交上遇到的一重大考驗，若是處理不當即可能讓歐美列強有干預日本內政的口實。

新政府在鳥羽．伏見之戰開戰前夕擔心位於攝津國的尼崎藩（石高四萬六千石，譜代大名）率軍前往京都加入幕府軍，命立場傾向新政府的外樣大藩岡山藩率軍到西宮警備並牽制尼崎藩。於是岡山藩派出兩千藩兵前往西宮，家老池田伊勢（名為政和）、日置帶刀（名為忠尚）率領其中一隊約五百人沿西國街道進入備前以東的播磨。

日置的五百人部隊在十一日進入明石大藏谷，兵庫開港後從大藏谷到石屋川另闢一條與舊有的西國街道錯開的道路，因為兵庫開港後歐美列強在這個區域（相當於現在的兵庫縣明石市大藏谷到神戶市灘區御影石町）享有治外法權，為了避免與參勤交代的**大名行列**（特指江戶時代大名因參勤交代往返於江戶和領地的隊伍，隊伍規模會因大名的家格和石高的不同而有所差異）交會而再次上演生麥事件的悲劇而由各國列強集資開闢的道路。日置的部隊於晝九時半左右誤入這條道路而來到神戶村三宮神社（兵庫縣神戶市中央區三宮町二丁目）前面，遇到兩名法國水手亂入隊伍。雖然此時已無參勤交代的大名行列，不過亂入武士隊伍與大名行列同是對武士無禮的行為。因此，岡山藩兵的反應與生麥事件時薩摩藩兵的反應如出一轍，小隊長瀧善三郎正信拿槍制止法國水手，但由於言語不通，瀧善三郎的行為遭到誤解，加劇法國水兵的行動，最終做出**供割**（亂入大名行列的最前頭，在江戶時代是無禮的行為）行為遭到瀧善三郎刺傷。

這兩名水手與其他法國水手會合，紛紛舉起手槍以民宅為掩護反擊，可惜法國水手人孤勢單，最終不敵敗走。不過，岡山藩兵在歐洲列強享有治外法權的神戶開槍明顯侵犯主權，英國駐日公使巴夏禮得知消息後以保護在神戶的外國人居留地的名義召集美國海軍陸戰隊、英國警備隊、法國水手在居留地以東的生田川河岸與岡山藩兵進行槍擊。附帶一提，外國人居留地東起生田川、西迄鯉川；北起西國街道，南至海岸線。相當於現今神戶市中央區的 Flower Road 和 Meriken Road 以及 JR 神戶線三宮驛、元町驛和國道二號之間的區域。

在列強一陣猛烈射擊後，岡山藩家老日置帶刀下令停止射擊撤退，除了最初被岡山藩兵射傷的法國水兵外，雙方毫無死傷。擊退岡山藩兵的列強軍追擊至港邊碼頭，扣留靠岸的五艘（或六艘）船艦，這些船艦查明船籍後分別隸屬福岡藩、久留米藩、宇和島藩以及幕府。

親歷其中的英國駐日公使館通譯薩道義的記載較日本方面更為詳盡。薩道義在《外交官所見的明治維新》（一外交官の見た明治維新）關於神戶事件（也稱為「備前事件」）有如下的記載：

……下午二時，（岡山藩）家老某的下屬射殺橫入行列前方的一名美國水兵。在日本人的思考模式中，這種無禮的行為死不足惜。在這之後，他們有意將沿途遇上的外國人全部殺害，所幸這樣的事情並未真正發生。後來成為外國人居留地的地方，在當時還只是一片空曠的原野。有一條大路可通往原野的盡頭，但是行進中的備前兵士突然將手上的槍枝扣上扳機，瞄準外國人開槍射擊，驚慌的人們四下逃竄，逃往安全的地方。

薩道義的記載顯然較為詳盡，但與筆者前面的引文有兩個地方有所矛盾：遭到岡山藩兵殺害的到底是法國水兵或美國水兵？岡山藩兵究竟有沒有對毫無武裝的外國人民開槍？不過，從事後的處分來看似乎可以認為薩道義對於「備前兵士突然將手上的槍枝扣上扳機，瞄準外國人開槍射擊」的記載並非事實。

當時新政府全員還沉浸在鳥羽．伏見之戰勝利的喜悅中，神戶事件的發生對新政府成員不啻一陣錯愕。因為因《王政復古大號令》而成立的新政府從來不曾明確表示過對外政策，所以英、法、美、荷、義大利、普魯士六國公使在去年十二月十六日在大坂城御白書院蒙慶喜接見時會一致表態支持幕府、支持慶喜。因為比起新政府外交政策的一片空白，支持幕府至少能保障在日本既得的利益。

神戶事件讓新政府首腦意識到今後日本要想在世界上立足，與包括列強在內的世界各國往來是勢之所趨，向歐美諸國公開對外政策已成必然，而這對外政策非得是開國進取不可。如此一來新政府必須揚棄預定的攘夷方針，才能圓滿的解決神戶事件。讀者或許會感到奇怪，新政府怎麼會以攘夷為既定方針？其主要成員薩長不是已在文久年間的薩英戰爭、下關戰爭後放棄攘夷走上開國之路了嗎？誠然薩長二藩主要首腦在上述兩場戰役後已放棄攘夷行為，但是他們當中一部分並不認為新政府在倒幕之後必須與列強保持往來。

筆者在前作提到幕末日本有百分之九十以上的民眾主張攘夷，這百分之九十以上的民眾包括朝廷親王及公卿的全部、大部分的藩主及武士、佛寺的僧侶、神社的神官以及幾乎全部的平民。新政府的支持者很大一部分來自於攘夷派，他們支持新政府並非完全認同新政府的主張，大部分是出於厭惡幕府的開國舉動，因為幕府開國開港使得物價居高不下，使得原本自給自足的生活遭到破壞。

1月14日（格列高里曆2月7日），朝廷派出敕使東久世通禧在薩摩藩家老岩下左次右衛門、藩士松木弘安以及長州藩士伊藤俊輔的陪同下搭乘藝州藩汽船在神戶登陸，上岸後前往外國人居留地會晤薩道義，透過薩道義與巴夏禮等六國公使約定於翌日中午在外國人居留地的海關大樓交付新政府的國書。

翌15日（格列高里曆2月8日）中午左右，敕使東久世通禧來到海關大樓當著六國公使面前宣讀國書，其內容如下：

日本國天皇，告各國帝王及其大臣。嚮者，將軍德川慶喜請歸政權，制允之。內外政事，親裁之。從前條約，雖用大君名稱，自今而後，當換以天皇。而各國交際之職，專命有司等。各國公使，諒知斯旨。——慶應四年戊辰正月十日。

國書的內容艱澀難懂，加上東久世怪裡怪氣的宮廷腔日文，各國公使當然聽得一頭霧水。透過薩道義的翻譯，各國公使才勉強明白東久世嘰哩咕嚕的內容。從國書落款的日期來看可知內容並非針對神戶事件，而是事發之前便已擬好。既然是神戶事件事發前已擬好的內容，當然也就無一語提及該事件的懲兇及賠償。國書內容集中在各國公使必須放棄以往大君的稱呼而改換為天皇，只有如此天皇才會承認各國與幕府簽訂的條約。

東久世還進一步說道，眼下新政府雖還未消滅幕府的勢力，但新政府軍仰仗天皇的威勢，勢必能在近期一統日本。歷經一番吹噓後才進入主題，說道新政府將保護所有居住在神戶的外國人之生命及財產的安全，對於此次肇事的岡山藩將接受各國提出懲處該藩的要求。然而，新政府同時也要求各國公使下令撤回各自的海軍陸戰隊、警備隊及其他作戰部隊，並且歸還扣留的船艦。

次日，各國公使向東久世提出賠償申請——不管是受到直接或間接的損失，要求新政府不僅要為岡山藩所犯下的罪行鄭重道歉，下令對列強軍隊開火的軍官（瀧善三郎正信）必須處以極刑。法國公使侯許強調，法國不僅受到冒犯，還蒙受了戰火的襲擊及損失，這些也都列入賠償的範圍內。各國公使大概也看出新政府迫切需要歐美列強的承認，認為不管是要求賠償或是嚴懲元兇——甚至是對幕府時代簽訂條約的承受——都是有求必應。

十七日（格列高里曆2月10日）各國公使與東久世再次進行會談，岩下左次右衛門和中井弘（薩摩藩士）作為隨員列席。在會談中東久世向各國公使透露伊藤已被新政府任命為神戶的關稅管理者兼知事，這是明治時代最具盛名的政治人物伊藤博文崛起之始，憑藉的並非傲人家世（伊藤出身平民），而是在當時薩長志士中無人能及的外語能力。筆者在前作提過，伊藤在英國留學的時間僅只半年，英語能力頂多只有口頭會話的程度，但相較於連最基本的英文字母都不會的薩長志士，可與洋人簡單溝通的伊藤的確遠在他們之上。

薩摩藩士五代才助和松木弘安於21日（格列高里曆2月14日）帶來一份有三條實美、伊達宗城及東久世通禧署名的備忘錄副本遞交給各國公使。為何會有這三人的署名呢？因為這三人除了俱為新政府的議定外，也都是甫於十七日新成立的七科中外國事務科總督（除上述三人外尚有山階宮晃親王和澤宣嘉），而五代和松木則是外國事務科轄下的外國事務掛。附帶一提，伊藤俊輔、後藤象二郎、小松帶刀、岩下左次右衛門、木戶貫治、井上馨也都是外國事務掛成員。備忘錄提到以天皇為首的新政府對各國代表（公使）提出的備前事件之賠償做出回覆：處決事件中下令向法國水兵開槍的軍官，並向各國進行包含賠償在內的正式謝罪。雖說新政府的回覆早在各國公使預料之中，然而新政府的回覆速度之快仍出乎各國公使意料。但光是如此還不足以滿足各國公使，備忘錄中還提到如果岡山藩拒絕交出兇手，不勞各國動手，新政府將出動軍隊迫其就範。另外，凡是幕府時代簽訂的條約以及條款，新政府都已得到天皇的批准予以承認。所有各國公使想得到的，新政府一律同意、批准、承認並提前回覆，這才是令各國公使滿意得笑到合不攏嘴的原因。

2月9日（格列高里曆3月2日）執行瀧善三郎正信切腹，時間是夜四時過後在神戶的永福寺（二戰時遭美軍空襲燒毀，原址位於神戶市兵庫區南仲町）裡進行。日本方面的見證人有伊藤俊輔、中島作太郎、兩名薩摩藩步兵隊長、兩名長州軍隊長以及一名岡山藩御目付；外國的見證人為薩道義、英國公使館二等書記官米特福德（Algernon Bertram Freeman-Mitford）以及一位其他公使館的代表。薩道義在《外交官所見的明治維新》對這場切腹有極其生動的記載：

瀧身穿一件藍色麻布衣，介錯人穿著陣羽織。他們先到日本見證人面前平伏在地，見證人示意其起身後，他們來到我們面前再次行禮，我們也跟著日本人回應。……他（瀧）面向佛壇，……然後以極為平靜的神態，選了一個能向前方倒下的位置，跪坐在紅地毯上。

一名身著黑衣、外罩薄灰色袴的男子端來一個白木台（三寶），上面有一柄用和紙包好的短刀，朝犯人施禮後將白木台置於其前。瀧雙手取過短刀，……然後以狂亂卻清晰的聲音說道：二月四日在神戶，擅自下令對外國人開槍者，正是罪臣。今日罪臣以切腹謝罪，在場諸位，可作見證！……右手拿起短刀，摸摸胸口和腹部，然後深深刺入身體，再往右腹橫切。……做完這一動作後，態度從容朝前彎下身去，將頸項露出在外。

……介錯者在犯人切腹瞬間，已拔出刀來在其左後方等候，此刻猛然站起身來朝其頸項快速砍下，……犯人的首級滾落下來，屍首向前傾，然後倒下。鮮血從動脈中源源湧出，很快就成為一灘血池，當鮮血不再從血管裡湧出時，行刑才宣告結束。

……有傳令說，見證人可以告退。我們便站起身來，從罪犯的屍體和日本方面的見證人旁走過，退出刑場。回到領事館時已是深夜十二點，巴夏禮公使還在等著我們的匯報。

為了防範類似事件再次發生，薩道義上京期間（一月廿三日到二月一日）曾與木戶貫治針對此事進行討論。然而，尚未商量出一個具體可行的方法，二月十五日在和泉國堺町又發生一起外國兵遭到殺害的事件，此即「堺事件」。

二、堺事件始末

自慶喜拋下眾多幕府官員獨自循海路逃回江戶，京坂地區的幕府官吏也多丟下官職四處逃去。為了避免陷入盜賊四起的狀態，新政府採取由薩摩接管大坂、由長州接管神戶、由土佐接管堺，由鳥羽・伏見之戰出力最多的三藩接掌三地的民政、軍政。土佐藩於二月初投入六番隊和八番隊兩隊警備隊，共約一千餘名兵力維持當地秩序。

2月15日（格列高里曆3月8日）約晝八時半，一群法國水兵未得新政府外國事務科的許可，擅自進入堺。負責堺民政的土佐藩大目付杉紀平太派出六番隊警備隊長箕浦猪之吉（名為元章）和八番隊警備隊長西村左平次（名為氏同）前去盤查法國水兵，詢問是否有外國事務局（新政府於二月三日進行改組，將原來的神祇、內國、外國、海陸、會計、刑法、制度寮七科改組為總裁、神祇、內國、外國、軍防、會計、刑法、制度八局）的許可證，若沒有則不能放行。箕浦、西村兩位隊長率眾來到大和橋（橫跨大和川，位於大阪市住之江區和堺市堺區）時，發現已經來不及阻止法國水兵進入，兩位隊長一聲令下，警備隊排開隊列阻止法國水兵再往前進。法國水兵人數明顯不如土佐，只能悻悻然從大和橋退回大坂。

約夕七時左右，法國海軍巡防艦杜普萊克斯（Dupleix）號停在堺港外海，從該艦放下二十艘小船，載著水兵強行上陸，杉紀平太獲報後再度命兩位隊長率領警備隊員趕赴現場。箕浦、西村到場後雖沒看到法國水兵的暴行，但他們擅入民宅、調戲婦女的行為讓土佐藩兵難以容忍，於是兩位隊長下令逮捕上陸的法國水兵。

在追捕的過程中，土佐藩兵誤傷一名法國水兵，小船上待命的法國水兵見狀，一齊朝岸上開槍射擊。兩位隊長迫於無奈，也下令土佐藩兵對準正要返回小船的法國水兵開槍，不少法國水兵中彈倒下，也有數名受傷落海，據統計一共有兩名當場死亡、七名下落不明、七名負傷。七名下落不明的於翌日證實全部罹難，七名負傷中也有兩名傷重不治，共計十一名死者。

大目付杉紀平太抵達現場已是土佐藩鑄下大禍之後，他在聽取兩位隊長敘述事情經過後，迅速往上通報外國事務局，不久堺事件的消息傳遍整個新政府。

什麼！一波剛平一波又起。

才剛結束神戶事件的外國事務局不敢馬虎，外國事務局立即於十六日下令解除土佐藩接管堺的所有職務，土佐藩兵也必須撤出堺。外國事務局透過土佐藩向杉紀平太下令要兩位隊長寫出完整的事件經過，以作為法國公使質詢時的依據。外國事務局早已抱定主意嚴懲土佐藩的肇事分子，對法國公使侯許可能開出的條件照單全收。所謂的嚴懲土佐藩的肇事分子並非只及於箕浦、西村兩位隊長，還包括所有有對法國水兵開槍（不管有無命中）的藩兵。

法國公使侯許於十九日向日本負責外交的外國事務局提出土佐藩必須履行五點要求：

一、下令射擊的土佐藩警備隊隊長及有開槍的隊員於事發現場，在日、法兩國見證人員的監督下處刑。

二、土佐藩主（山內豐範）須向遭到殺害的法國水兵家屬支付十五萬美金作為賠償。

三、負責外國事務的親王（山階宮晃親王）前往法國軍艦向法國公使謝罪。

四、土佐藩主亦親自前往法國軍艦謝罪。

五、嚴禁攜帶兵器的土佐藩士進入通商港口。

由於第一條的規定，土佐藩老公山內容堂下令將肇事的兩隊警備隊全員帶回大坂藩邸禁足。儘管箕浦、西村兩位隊長一再表明會扛起事件所有責任，不連累聽從命令向法國水兵開槍的部屬，但是家老山內隼人、深尾鼎（名為重先）。大目付小南五郎右衛門（名為良和）、林龜吉等人仍奉容堂之命前來盤問箕浦、西村兩位隊長及其所屬的每位隊員。六番隊和八番隊兩隊包含隊長在內共有七十三名隊士，雖然明知只要承認開槍就會被宣判死刑，但是這些隊士依然勇於承認，結果包含隊長在內共有廿九名向法國水兵開槍，他們在數日之後都會有同樣的下場。

深尾和小南等人先讓沒有開槍的其他四十餘人於二月廿日搭船返回土佐，並向外國事務局呈報處刑的確切人數。外國事務局轉呈朝廷後引來總裁局副總裁三條實美、岩倉具視二人的恐慌，擔心一下子處決如此多的罪犯，會引起攘夷派的憤怒使新政府成為眾矢之的。外國事務局輔東久世通禧及事務局判事小松帶刀、五代才助私下協議將人數減少到二十人，然後通報法國公使侯許。開槍的廿九人扣除掉箕浦、西村兩位隊長及兩位副隊長（小頭）是處決的當然名單，剩下的十六位名額將從廿五人中抽籤決定。

廿二日一早，廿九人從位在大坂長堀通的藏屋敷（大阪市西區西長堀公園）前往土佐稻荷神社（大阪市西區北堀江）參拜，參拜結束後開始抽籤。抽籤的結果有九人免於死罪，不過眾人一開始就抱定必死之心抽籤，即便免於一死的九人也連署請願，願與其他二十人接受同樣的處分，不過小南等人並不受理。抽中死罪的二十人返回藏屋敷後，家老下令與其他人隔離，准許在這段時間內向親友寫遺書告別，當晚更準備豐富的酒宴為他們餞別。

隊士之一的土居八之助在入睡前回顧自己短暫的生涯，質疑自己究竟為何而死，如果是為皇國而死，怎能任人斬首？於是他叫醒其他人談論這個問題，眾人都認為既是為皇國而死，應該要正正當當的切腹才是，他們決定向上級請示。不久小南和林龜吉兩位大目付抵達，土居等人將他們的心願轉告小南，小南連夜和家老討論後，在天亮前傳來主公（山內豐範）同意他們切腹，得以保有武士尊嚴的好消息。

於是即將受刑的二十人一夕之間從罪犯變為義士，23日（格列高里曆3月16日）天亮後，負責護送二十人的熊本藩主細川越中守慶順和藝州藩主淺野安藝守茂長派出近四百名藩兵來到長堀通的藏屋敷，準備迎接他們前往切腹的地點妙國寺（堺市堺區材木町）。由於切腹時間訂於中午，因此二十人還能在就義前享用中餐，雖說用完中餐後他們即將以切腹方式結束性命，不過護衛的近四百名藩兵和圍觀的群眾視他們如同百餘年前的赤穗義士。

晝九時一到，箕浦猪之吉和西村左平次等二十人依序在妙國寺客殿進行切腹，作為見證人的有外國事務局督山階宮晃親王（總裁宮）、外國事務局輔伊達宗城、東久世通禧。熊本、藝州二藩藩主及該藩官員、土佐藩大目付小南五郎右衛門及數名目付，還有薩摩、長州、鳥取、岡山諸藩官員列席，當然法國公使侯許也帶著公使館領事及二十餘名士兵到場觀看（切腹過程請參照豆知識）。

廿四日晝八時，外國事務局督山階宮晃親王偕同事務局輔伊達宗城親自前往停泊在天保山沖（大阪市港區築島三丁目）的法國軍艦維納斯（Venus）號上拜訪侯許，向他鄭重謝罪。昨日觀看切腹過程中受到極大驚嚇的侯許接受晃親王的謝罪，至於尚未切腹的九名土佐藩士，侯許不再追究，堺事件死亡的人數因此停留在十一名，剛好與法國水兵的死亡人數相等。有些書籍認為法國一開始就要求日本處死與法國水兵相同的人數作為賠罪，這種說法並不正確。

廿五日，土佐藩主山內豐範抱病拜訪侯許謝罪，同意分三次支付十五萬美金的賠償金，堺事件到此終於完全結束。

新政府在神戶事件、堺事件都對外國主動且周到的做出妥協，儘管各國公使對攘夷派暴虎馮河的暴徒之舉甚感頭痛，另一方面對於新政府的善後之舉幾乎無從挑剔。負責處理的外國事務局督山階宮晃親王邀請各國公使於廿六日搭乘船艦前往大坂，然後前往伏見，晃親王親自宴請各國公使後再於三十日進入御所謁見祐宮，這是有史以來天皇首度接見歐美列強使節。

巴夏禮、侯許、普魯士代理公使馮・巴蘭德(Maximilian August Scipio von Brandt)等人以及包括薩道義在內的各國公使館領事無不引頸期待這次的旅行，結果二月三十日在京都遇上「巴夏禮襲擊事件」(參閱前作第四部巴夏禮一節)。這三次事件都是祐宮即位前發生的重大外交事件，儘管外國事務局處理的態度在今日看來頗為屈辱，但是至少處理得當，未讓事態繼續擴大，讓原本承認幕府為日本唯一合法政權的外國列強對新政府有所改觀。

本章可視為戊辰戰爭期間的插曲，下一章筆者繼續談退回江戶後的幕府軍如何抵抗決定東下的新政府軍，第一站由新選組的剩餘成員在甲斐抵抗以薩摩、長州、土佐、鳥取四藩為主力的新政府軍。

豆知識

觀看日本人切腹的外國公使

明治、大正初期與夏目漱石並稱的文豪雙璧森鷗外，於大正三（一九一四）年二月在戰前的文藝雜誌《新小說》發表《堺事件》，這是他繼《興津彌五右衛門的遺書》（興津弥五右衛門の遺書）、《阿部一族》、《大鹽平八郎》（大塩平八郎）之後第四部歷史短篇小說。《堺事件》是森鷗外藉由真實的歷史事件探討這二十名武士為了什麼可以視死如無物，由於《堺事件》對於切腹的過程有很詳盡的敘述，成為筆者撰寫本文的主要引用資料。

廿三日一早侯許應邀來到妙國寺客殿觀看二十名土佐藩士的切腹過程，他原本以為日方所謂的處決大抵上和斬首相去不遠，侯許從未想過有朝一日會親眼目睹切腹的過程，而且還是一場二十人的集體切腹，因此他一開始就顯得忐忑不安。伊達宗城和熊本、藝州二藩藩主以及土佐的大目付、目付和其他諸藩官員雖已見慣切腹場景，但是二十人集體切腹畢竟千載難逢，因此聚精會神盯著妙國寺客殿，深恐遺漏掉任何一個畫面。

官員念出箕浦猪之吉的名字，箕浦在客殿向總裁宮及其他見證人行禮後，惡狠狠地瞪著侯許，然後握住短刀朝左側腹切入，深吸一口氣往右橫拉。箕浦右手伸進切出的傷口裡拉出臟器往法國公使的方向擲去，為他介錯的是同藩的馬場桃太郎，看到這一幕馬場握刀的手有點慌亂，無法順利砍下箕浦的首級，箕浦痛苦得無法回頭，只能用力喊叫：

馬場！你會不會斬首？

馬場第二刀又砍偏了，直到第三刀才順利讓箕浦身首異處。

這一幕看得侯許心驚膽顫，坐立難安，不過依照規定他必須看完全程。

下一位切腹者西村左平次雖然性格敦厚，但是他在行禮後也是瞪著侯許，侯許被瞪得心神不寧，頻頻以手巾拭汗。西村平靜的切腹後，他的介錯人小坂某俐落的砍下首級。之後接連是六番隊小頭池上彌三吉、八番隊小頭大石甚吉、六番隊杉本廣五郎、勝賀瀨三六、山本哲助、森本茂吉、北代健助、稻田貫之丞、柳瀨常七，每一人在切腹前後都狠狠瞪視法國公使所在的位置，力能所及的人甚至在切腹後伸進傷口拉出腸子朝侯許的方向擲去，然後才讓介錯者砍下首級閉目死去。

每有一人切腹，侯許精神上便受到嚴重衝擊，輪到第十二名橋詰愛平行完禮後，準備拿出短刀切腹時，侯許已經承受不住，向左右的衛兵說了幾句話，然後未向總裁宮及其他諸藩要員示意，逕自在法國衛兵護衛下離開現場。由於這次切腹是要向法國道歉、賠罪，因此切腹過程必須有侯許在場才能進行，既然他無法撐完全場，切腹過程不得不暫時中止。

橋詰以下的九人自是忿忿不平，連忙向旁邊的官員問道怎麼回事，總裁宮要伊達和東久世連同諸藩家老到法國軍艦上請回侯許，要他繼續觀看直到最後一人完成切腹。當天夜裡，諸藩家老返回妙國寺本堂，轉述侯許的內容，說道：

我對於土佐藩士忠誠奉公的精神至感佩服，在目睹壯烈悲慘的切腹過程後，內心受到極大衝擊，不忍這些忠勇之士無謂的犧牲，打算向天皇政府提出饒恕其他人的性命，明天就透過伊達少將（宗城）轉達。

侯許的言下之意為切腹只到柳瀨常七為止，剩下的九人無須切腹。這件事情傳到各國公使耳裡，沒有人嘲笑侯許，換作任何一國的公使應該也無法看完全程，日本武士視死如歸的精神，想必在這些公使——特別是侯許內心，留下極為深刻的印象。

十一名完成切腹的土佐藩士遺體送往妙國寺北邊的寶珠院（堺市堺區宿屋町東三丁目）下葬，至今寶珠院仍保留這十一名烈士的墓碑，而他們切腹之地的妙國寺本堂則在二戰末期遭到美軍空襲而燒毀。

第三章

新選組的末日

一、近藤與甲陽鎮撫隊

筆者在第一章第九節提到鳥羽·伏見之戰結束後，慶喜慷慨激昂的演說鼓舞剛吞下敗戰的幕府軍將士，讓他們萌生據大坂城再戰的意志。但慶喜在演說結束後隨即偕同松平容保、松平定敬、板倉老中首座等人從大坂城後門逃出，於隔日一早從兵庫沖搭乘開陽丸逃回江戶。

如第一章所述，慶喜的連夜出逃使得大坂城好不容易因慶喜的演說而凝聚的士氣一夕瓦解，在松平豐前守正質、塚原但馬守昌義、竹中丹後守重固三人的判斷下，決定讓固守大坂城的幕府軍撤出大坂，返回各自的藩領，以待日後幕府的動員。這是近藤勇和土方歲三自文久三年二月八日在江戶傳通院跟隨清河八郎、芹澤鴨等亡命之徒上洛以來，闊別近六年於首度返回江戶，很可惜的是兩人並非衣錦還鄉。

一般野史記載鳥羽．伏見之戰有一百五十名隊士跟隨土方參戰，一月十二日只剩四十四名搭乘富士山丸撤回江戶，可見新選組在該役的犧牲有多慘烈。不過據新選組隊士橫倉甚五郎的記載，返回到江戶的有一百十餘名。在千兩松戰役受到三處槍傷的山崎烝在穿越紀淡海峽時死去，富士山丸艦長肥田濱五郎（名為為良，出身長崎海軍傳習所）決定採用海軍的習慣以海葬的方式為山崎舉辦葬禮。在船上並無可按放遺體的棺槨，因此將山崎遺體用布帛裹滿全身，綁在船錨上，並在遺體上覆蓋日之丸旗。話說日之丸旗在鳥羽．伏見之戰是作為幕府軍的軍旗以對抗新政府軍的錦之御旗，在現代日之丸旗是日本國旗但在當時是被視為賊軍的旗幟。

一切準備就緒後，以艦長肥田濱五郎為首，富士山丸艦上所有官兵舉槍在甲板上列隊整齊，連肩傷未癒的近藤和飽受肺癆之苦的沖田也穿上禮服、拄著楞杖來到甲板上。肥田以艦長身分拔劍出鞘，其他官兵接連開槍，在連綿的槍聲中綁在船錨上的山崎遺體緩緩滑入海中，然後結束這場海葬，多愁善感的沖田因此而紅了眼眶。新選組自文久三年成立以來幾乎都在刀口下過活，無時無刻不在死亡的威脅下，隊士的死亡多半草草處理，像山崎烝這樣莊嚴肅穆、隆重安祥的葬禮可說是絕無僅有，也難怪來日無多的沖田總司會感觸良深。

富士山丸於十五日在品川沖暫時靠岸，新選組隊士近藤、土方、沖田、永倉新八、齋藤一、尾形俊太郎、大石鍬次郎等四十餘人（或一百十餘人）下船。休息數日後，近藤偕同土方和永倉於十九日拜訪位在江戶城和田倉門的會津藩邸，以再為幕府而戰的理由取得二千兩的資金作為增添武器的費用。

此後二十餘日近藤和土方以手上的二千兩在江戶一帶招兵買馬，這段期間在京都的新政府成立東征總督府，總督府下轄東海、東山、北陸鎮撫總督（詳細內容請參照第三節），新政府軍的成員不斷增加，兵分三路東下江戶不過是時間的問題。

據活到大正時代的新選組隊士永倉新八的手記，近藤回到江戶後不久曾向慶喜建言願意承擔守衛甲府城之責，在二月一日得到慶喜贈與鍛冶橋門內大名小路若年寄御後屋敷，以此作為新選組的屋敷，包括沖田在內，負傷的新選組隊士都移來此地養傷。不過，慶喜自返回江戶後一直懇求天璋院和靜寬院宮為他向朝廷澄清朝敵的惡名及謝罪，而且表明自己會隱居，應該無暇顧及近藤的建言。然而，近藤得到鍛冶橋門內大名小路若年寄御後屋敷賞賜一事並不假，可能是幕閣或幕臣以慶喜之名賞賜屋敷給近藤吧！

二月十二日，近藤奉命登城護衛慶喜從江戶城前往上野寬永寺大慈院（東京都台東區上野櫻木）謹慎，慶喜在這一日讓出德川宗家家督，由御三卿之一的田安龜之助（生父德川慶賴為松平春嶽異母弟）繼承。結束後近藤向被重獲啟用任命為陸軍總裁的勝海舟提出建白書，希望主動向慶喜請纓前往甲斐防禦甲府城。筆者在前作寫到四境戰爭時曾提及家茂在慶應二年五月廿八日重新任用勝海舟為軍艦奉行，消息傳到長州時一度讓龍馬和高杉為之絕望，勝若被派到四境戰爭的前線，龍馬擬定的海戰計畫就絕無實現的可能。好在最終勝只是恢復官職而已，幕府並沒有就此重用他，因此葬送了可能可以扭轉戰局的戰役。

且先一提，一個多月後勝與西鄉吉之助會面達成「江戶無血開城」不完全因為勝是幕府裡的開明派，也不是勝的聰明才智或與西鄉有舊交（當然這都是原因之一），更重要的原因在於勝擔任相當於掌控江戶城軍隊的陸軍總裁職務才是他能與東征總督府參謀西鄉談判的主因。

近藤的建白書經由勝轉交後得到慶喜的召見，近藤以他自己獲得的情報向慶喜分析新政府軍已兵分三路東下江戶，其中東山道參謀乾退助率領的軍隊行進速度最快，很有可能直取幕府天領地甲府城。甲府城若淪陷，新政府軍便能取道甲州街道進入八王子、日野、府中、調布然後進入江戶，因此近藤主動向慶喜請纓率領新選組隊士前去防禦甲府城。

近藤為何願意率領新選組隊士前去甲府呢？與筆者在第一章第九節所提的息息相關。當時筆者寫到幕府軍在鳥羽．伏見之戰失敗後撤退到大坂城時，近藤聽到將被幕府提拔為旗本的傳聞，而在慶喜面前誇下海口說只要給他三百兵便能守住大坂城一個月。雖然最後沒有實現諾言，近藤並不認為是自己牛皮吹過了頭，此次只要接下並完成防禦甲府城的任務，成為旗本或是大身旗本(兩千石以上的旗本)、**寄合旗本**(三千石以上無職務的旗本或三千石以下但擔任留守居、大番頭、書院番頭、小姓組番頭等職務的旗本)甚至是大名也並非不可能。

近藤從慶喜手上接過三千兩，加上先前的二千兩，一共有五千兩資金供他招兵買馬。為了讓近藤能順利的招兵買馬，幕府決定提拔近藤和土方為直參，近藤和土方終於實現成為武士的心願。

鄉下道場的主人終於也有成為武士的一天啊！

成為旗本後，他們兩人捨棄原先的名字，近藤取大久保剛之名，土方則改為內藤隼人。如果近藤、土方可因立下的戰功拔擢為旗本，那麼他們早該在新選組全盛時期憑藉在京都立下的功勞成為旗本了，而不是為了讓他們能全心全力去防禦甲府城才加以提拔。

不過，他們兩人並沒有想到這一層，而是興高采烈的準備衣錦還鄉。近藤出身武藏國多摩郡上石原村（東京都調布市野水町），土方出身武藏國多摩郡石田村（東京都日野市石田町），皆在甲州街道通往甲府的必經之路上，因此二月廿九日才從江戶出發的他們覺得前往甲府城之前返鄉一趟也無妨。

《史記．項羽本紀》提到：

富貴不歸故鄉，如衣繡夜行，誰知之者！

近藤在筆者序章提到的松本良順的建議下，透過淺草彈左衛門（江戶時代統轄關八州及伊豆的穢多、非人等賤民階級的領袖，代代沿用彈左衛門之名）招納二百餘名穢多．非人、加上永倉新八、原田左之助、齋藤一、大石鍬次郎、岸島芳太郎等七十餘名新選組隊士共有約三百名的隊伍，命名為甲陽鎮撫隊，以示與新選組有別。

由於鄉親父老的熱情款待，近藤於三月一日才啟程準備前往甲府，土方的姊夫、同時也是甲州街道日野宿的經營者佐藤彥五郎召集日野地方三十餘名壯丁編為春日隊，親自與甲陽鎮撫隊一同執行防禦甲府城的任務。然而就在近藤於三月三日從與瀨宿（神奈川縣相模原市綠區）出發之際，一支人數甚多但具體數目不詳的新政府軍快速行經中山道下諏訪宿轉入甲州街道上諏訪宿（長野縣諏訪市），依其行軍速度來看很有可能搶先在甲陽鎮撫隊之前抵達甲府城。

近藤和土方要如何對付這支軍隊呢？

二、迅衝隊的成立及其戰功

鳥羽．伏見之戰期間土佐藩雖是新政府軍的一員，但是握有藩實權的老公山內容堂仍割捨不掉一貫的佐幕立場，這點筆者已在第一章提及。不過藩內部分上士如乾退助、谷守部等人認為應基於慶應三年五月簽訂的《薩土討幕密約》出兵助薩討幕，既然老公不允許討幕，乾和谷萌生自行成立討幕軍隊的念頭。於是由家老深尾丹波（名成質，與前章堺事件提到的家老深尾鼎同一家族）於一月六日號召上士、鄉士、下士、地下浪人一同組成跨越階級的藩兵。

由於錦之御旗的出現，容堂一改長年的佐幕立場，改為追隨御旗成為新政府軍的一員，乾和谷等人也堂而皇之的在土佐藩招募討幕軍隊，短短數日內募得約六百名，這支跨越階級的藩兵由容堂賜名為迅衝隊。迅衝隊成立時的主要幹部如下：

總督：家老深尾丹波
大隊司令：乾退助

大軍監：谷守部

小軍監：秋澤清吉

左半大隊司令：片岡健吉

右半大隊司令：祖父江可成

砲隊長：北村半兵衛

輜重奉行：早崎兵庫

第一番隊長：日比虎作

第二番隊長：小島捨藏

第三番隊長：小笠原謙吉

第四番隊長：谷神兵衛

第五番隊長：宮崎合助

第六番隊長：真邊戒作

第七番隊長：山地元治

第八番隊長：吉松速之助

以上是迅衝隊剛成立時的編制，上述幹部從總督到各番隊長無一例外皆出身上士，至於鄉士、下士、地下浪人則為受其指揮的迅衝隊隊員。雖然還做不到長州奇兵隊那般不問出身、階級，在隊中地位一律平等，但對比二百多年來土佐藩上士和鄉士的對立，迅衝隊對於兩者間的和諧可說已往前邁出一大步。

迅衝隊一成立便啟程前往京都，但是在上京途中已傳來鳥羽．伏見之戰結束的消息。迅衝隊全員上下無一不感到失望，失望之餘卻傳來朝廷的敕令，要迅衝隊拜領錦之御旗，以官軍身分征討位在四國的讚岐高松、伊予松山二藩。筆者在第一章末提到新政府在鳥羽．伏見之戰結束後翌日以該役加入幕府軍為由，禁止七個親藩的支藩和譜代進出御所，讚岐高松和伊予松山二藩不光是七藩中石高最大的兩個，而且都位在四國上，由同樣位於四國的土佐藩前去征討應該是最適當不過了。

由於拜領錦之御旗之故，以官軍身分出征的迅衝隊士氣高昂，先是在十六日攻克伊予國最東端的幕府天領川之江（愛媛縣四國中央市），進入讚岐後得到外樣丸龜藩及其支藩多度津藩的協助包圍高松城。遭到征討的讚岐高松藩先是藩主松平賴聰被剝奪官位、繼而又淪為朝敵以致士氣無比低落。松平賴聰為了保全高松藩，與家老商議後於一月廿日敞開城門向官軍表示恭順，於高松藩菩提寺淨願寺（香川縣高松市番町二丁目）隱居謹慎。表態加入幕府軍的家老小河又右衛門（名為久成）以及指揮鳥羽・伏見之戰的另一位家老小夫兵庫（名為正容），扛起責任毅然切腹，迅衝隊結束在高松藩的戰役。

乾退助接著率領迅衝隊攻入伊予，直指松山藩的藩廳松山城（愛媛縣松山市丸之內）。現在的松山市不僅是愛媛縣縣廳所在地，更是四國第一大城（人口超過五十萬），不過這並不表示松山城是座難攻不落之城。前代藩主松平勝成與當代藩主松平定昭（慶應三年曾短暫擔任約一個月老中）對於開城門恭順與否出現意見上的對立，最終於一月廿七日主張恭順的前代藩主得到家臣的認同向官軍代表迅衝隊降伏，松平定昭隱居謹慎，前代藩主松平勝成復出再任藩主。如此一來，四國基本上皆已納入新政府的支配之下（屬於外樣的四國第一大藩德島藩雖在幕末並不活躍，不過鳥羽・伏見之戰結束後亦倒向新政府）。

三、東征總督府的成立及東海、東山、北陸三道鎮撫總督派任

二月九日，新政府成立東征大總督府，任命帥宮有栖川宮熾仁親王為東征大總督。當時不少人相信朝廷任命帥宮為東征大總督是要讓他率領大軍東下江戶一雪文久年間被迫與和宮離別之恨，不過，這種說法恐怕沒有實質依據。

以當時的情形來看東征大總督一職必然由男性皇族成員擔任，幕末的四世襲親王家只有伏見宮和有栖川宮有男丁，東征大總督必定出自此二家。考量到這兩家男丁的年紀、人望和能力，只有中川宮朝彥親王、仁和寺宮嘉彰親王以及有栖川宮熾仁親王三人是較為可能的人選，當中又可以優先排除掉中川宮，因他不受長州的喜愛，八月十八日政變即是由他主導排除長州。

且先容筆者簡單介紹之後的中川宮。幾個月後中川宮因涉嫌私通慶喜而被送往藝州藩藩廳廣島城謹慎，雖然謹慎時間只有一年多，但是解除謹慎後的中川宮被剝奪親王的身分，新政府已無其容身之地，當然也毫無影響力可言。明治八年，天皇像是突然想起中川宮在幕末時期的貢獻似的，恢復其親王的身分，並贈以久邇宮的宮號，不過中川宮依舊被排除

在政壇之外。

剩下仁和寺宮和帥宮二人，論年紀和人望，前者不如後者；論能力，兩人不相上下。於是較為年長的帥宮毫無疑義受到推舉為東征大總督，而不是出於洗刷和宮被奪之恨。

據筆者在前作的敘述，和宮雖是含淚答應解除與帥宮的婚約，內心一千個一萬個不願意降嫁關東。然而，在進入江戶城大奧後的和宮與家茂如膠似漆，鶼鰈情深，兩情相悅的濃密愛情使和宮早已釋懷原先被迫與帥宮解除婚約的不快。

昭和三十三（一九五八）年，德川家菩提寺之一芝增上寺因有大型建築工事，使得埋在此地的德川家將軍、御台所、將軍側室及子女之墓地進行遷葬。東京大學史學、人類學、醫學等團隊趁此機會對將軍家之家人墓地裡的遺骸及遺物進行調查，因此得到筆者在前作第四部提到和宮身高約為一百四十三公分左右的證據。此外在和宮墓裡發現一張疑似男性的相片，為何用疑似呢？因為置放在棺木裡的相片保存狀況不佳，無法清楚辨認相片裡的容貌，但是從直垂和烏帽子的服飾來看，男性的可能性相當高。和宮生命中最重要的男性只有三人：孝明天皇、帥宮以及家茂。孝明天皇對和宮而言與其說是兄長，毋寧說是父親，和宮對他的尊敬大於依賴，應該不至於產生情愛，可以優先排除在相片人選之外。相片本尊到底是師宮或是家茂呢？除非在還原技術上能有所突破，不然恐怕難以解答。

同日任命新政府參與正親町公董及西四辻公業為東征大總督府上參謀，兩人皆屬公卿中的羽林家。因為是公卿出身，儘管不諳軍事也被安插擔任參謀，新政府另外安排有實戰經驗的西鄉吉之助和林玖十郎（宇和島藩出身，明治時代改名得能亞斯登）為下參謀，這兩人才是實際上戰術及戰略的主導者。

在鳥羽．伏見之戰期間任命的北陸道、東海道、東山道三道鎮撫使也在這一日納入東征大總督轄下，另外新成立奧羽鎮撫總督府。關於這四個鎮撫總督府的成員如下：

奧羽鎮撫總督府——總督　澤為量（澤宣嘉養父）　副總督　醍醐忠敬
參謀　大山格之助（綱良）、世良修藏

北陸道鎮撫總督府——總督　高倉永祜　副總督　四條隆平（四條隆謌之弟）
參謀　山縣狂介、黑田了介、品川彌二郎

東山道鎮撫總督府——總督　岩倉具定（具視次男）副總督岩倉具經（具視三男）
參謀　乾退助、伊地知正治、宇田栗園

東海道鎮撫總督府——總督　橋本實梁　副總督　柳原前光
參謀　海江田武次、木梨精一郎

以上四鎮撫總督預定於二月中旬出兵，分別取道北陸、東山、東海三道東下，預定於三月十五日對江戶發動總攻擊，沿途必須占領以下據點：

東海道：壓制駿州興津、岩淵，與東山道先鋒部隊攜手確保甲府。本隊前往沼津至伊豆，見機速速攻占箱根關所。

東山道：前往信州諏訪，若有東海道先鋒的動態，儘速攻下甲府，本隊進入佐久郡，確保碓冰關所。

奥羽先鋒總督：奥羽兩國不在話下，集合安房、上總、下總、常陸等地的大小諸侯，憑藉險要，與東山、北陸二道總督合作，進攻江戶城的腹背。

北陸道：進入信州路，占領上州沼田、草津等附近險要據點。此時，東山、北陸二道與大總督本營有所距離，二道總督必須互助聯合進攻。

於是，東山道參謀乾退助立即率領部隊先行東下，以迅衝隊為主力的土佐藩兵約六百名，以及薩摩、長州、鳥取、彥根等藩兵共約千餘人準備出發。二月十三日臨行之前，山內容堂在木屋町通和蛸藥師通交界的京都土佐藩邸向即將啟程的迅衝隊士進行閱兵，閱兵完設宴餞別，對著嚴寒的天氣容堂舉起酒杯說道：

天寒，諸位請珍重！

據坂崎紫瀾撰述的《鯨海醉侯》，迅衝隊士聽到老公的關懷話語後，全員上下士氣大振。

翌日，朝御所的方向一拜，帶著輜重朝中山道出發，由於迅衝隊總督深尾丹波並未隨

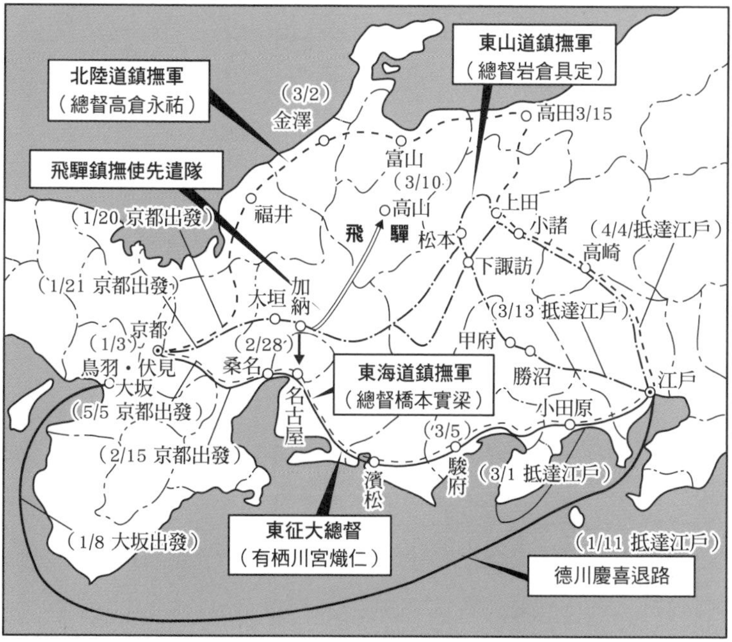
北陸道鎮撫軍
（總督高倉永祐）
東山道鎮撫軍
（總督岩倉具定）
飛驒鎮撫使先遣隊
（3/2）
金澤
富山
（3/10）
高田3/15
福井
高山
飛
驒
上田
小諸
松本
（4/4/抵達江戶）
高崎
下諏訪
（1/20 京都出發）
（1/21 京都出發）
加
納
大垣
（3/13 抵達江戶）
京都
（1/3）
甲府
（2/28）
鳥羽・伏見
大坂
桑名
東海道鎮撫軍
（總督橋本實梁）
勝沼
江戶
（5/5 京都出發）
名
古
屋
小田原
（3/5）
（2/15 京都出發）
駿
府
（3/1 抵達江戶）
濱
松
東征大總督
（有栖川宮熾仁）
（1/8 大坂出發）
（1/11 抵達江戶）
德川慶喜退路

東征軍進擊路線圖

隊出征，因此由大隊司令乾退助兼任總督。乾在上個月的四國平定戰充分表現出大將的才幹，由他兼任總督是最適當的人選。

一般提及倒幕會提到薩長土肥四大雄藩，也在這一日終於齊聚一堂。對於中央政局毫不關心的佐賀藩在大政奉還後燃起雄心，前藩主鍋島直正主動派出家老鍋島孫六郎（維新回天後改名茂精）前往京都向朝廷示好，佐賀藩此舉贏得朝廷的好感，在《王政復古大號令》當日下令佐賀藩護衛京都三個月。佐賀雖對中央政局不表態，但過去數年不少藩士如副島種臣、大木喬任、江藤新平、大隈重信等人不滿藩的保守態度憤而脫藩參與政治活動，結果這些脫藩的藩士還未能前往京都便已在藩境被捕，因私自脫藩之罪而受到謹慎的處分。

佐賀藩護衛京都三個月期間陸續赦免遭到謹慎處分的藩士，護衛京都三個月乍聽之下非常仰仗佐賀藩，但佐賀藩因此錯過參與鳥羽．伏見之戰，錯失與薩長二藩平起平坐的機會，佐賀藩士對此無不感到扼腕。

十五日，祐宮向東征大總督有栖川宮授予錦之御旗、節刀，宣告東征大總督以天皇代理人身分征討關東，並賦予大總督極大的權限：未得大總督府許可，東國諸大名嚴禁上京。

廿日，議定仁和寺宮嘉彰親王被任命為剛改組的軍防事務局督，軍防事務局輔暫時空缺

（三月一日任命前佐賀藩主鍋島直正、熊本藩主細川韶邦之弟長岡護美），任命公卿烏丸光德為軍防事務局權輔，津田信弘（熊本）、吉井友實、土肥典膳（岡山）、吉田良榮（公卿）為軍防事務局判事。

乾退助所經之地近江西大路藩（外樣）、高須藩（御連枝）、大垣藩（譜代）聞風歸降，加入新政府軍行列。由中山道轉進甲州街道時又加入位在此地的諏訪藩（譜代），乾退助在此時改名板垣退助（過程請參照本章豆知識），此時大約是三月二、三日之際，而大久保大和（近藤勇）的甲陽鎮撫隊此時才在八王子和與瀨宿之間，新政府軍勢必會搶先在幕府軍之前抵達甲府城。

四、甲斐勝沼之戰

由於近藤堅持衣錦還鄉，失去占領甲府城的先機，不能據城而守彌補人數上落後新政府軍的不利之處。雖說幕府給了近藤兩門大砲，但是甲陽鎮撫隊及春日隊會操作大砲的只有近期才加入新選組的結城無二三，幕府不僅給的砲彈有限，不少砲彈的火藥成分不足，殺傷力令人質疑。新政府軍的大砲有三門，會操作大砲的人數以及砲彈的數量和質量都優於幕府軍。

近藤在大敵當前的輕忽把自己推向失敗的深淵，也逐漸失去新選組隊士對他的信任。

三月四日晝四時左右，板垣退助率領的東山道先鋒軍抵達甲府，而甲陽鎮撫隊此時才剛進入甲斐國境。為了能好整以暇的與甲陽鎮撫隊作戰，板垣派出岡山藩士箕浦東之進與土佐藩士日比虎作和甲斐代官中山誠一郎及甲斐城代佐藤信崇會談。兩人會談時脅迫幕府官員交出甲斐城，佐藤答以城內一時無法整頓完畢，待武器收齊後再通知開城日期，以免發生意外。顯然，中山誠一郎及佐藤信崇想拖延至近藤的到來再內外夾擊新政府軍。

不料，板垣早已掌控近藤的行蹤及人數，判斷近藤在明日中午之前會抵達甲府城，對於中山及佐藤的推託之詞，板垣不予採信，親率大軍兵臨城下，嚇得中山和佐藤二人開城降伏，新政府軍在四日下午進駐甲府城。近藤在這一日率領甲陽鎮撫隊越過笹子峠（位於山梨縣大月市與甲州市之間，標高約一千公尺）在駒飼宿（山梨縣甲州市）休息過夜，準備明日進入甲斐城。不過，近藤從當地農民口中得知甲斐城已被新政府軍接收的消息。新選組隊士聽到消息後激發從新政府軍手中搶回的鬥志，但是由多數穢多、非人組成的甲陽鎮撫隊士卻失去鬥志，連夜逃命去了。

歲，接下來怎麼辦？會津藩兵會依言趕來嗎？

只剩約七十名左右的新選組隊士，哪有能力攻下千餘名新政府軍據守的甲府城？於是土方自告奮勇前去神奈川討救兵，那裡有旗本吹田鯛六組成的菜葉隊。就這樣，新選組第一戰將內藤隼人（土方歲三）暫時脫離戰線前往神奈川。

五日，近藤在駒飼宿一帶募集二十餘名壯丁，據說位在附近山梨郡某村的村長之子、後來以甲州財閥之龍頭而聞名日本的雨宮敬次郎也在其中。連同原有約七十名新選組及春日隊共約一百三十人，在駒飼以西靠近甲府盆地的勝沼築起防禦工事，只要土方率領援兵菜葉隊返回，近藤便率領這支軍隊進攻十餘公里外的甲府城。

六日，近藤化名近田勇平，同時派人埋伏在甲州街道北側的菱山和南側的岩崎山，之所以不離開駒飼是要等待土方率領援軍到來。板垣和谷守部留下部分兵力守城，以土佐、鳥取、諏訪三藩藩兵為主力朝勝沼而去。如果板垣和谷守部知道近田勇平即是近藤勇的話，他們應該會放下一切全力追擊。因為在慶應四年三月的時候，近藤被視為龍馬暗殺的執行者，再怎麼樣也不能讓龍馬暗殺的兇手逍遙法外。

六日接近正午時，板垣率領的土佐、鳥取、諏訪三藩藩兵合計千餘人來到勝沼與近藤的幕府軍展開作戰。藏匿在山上的幕府軍本可發砲突襲新政府軍，無奈陣中唯一會操作大砲的結城無二三被近藤派往他處，其他人操作大砲都無法讓砲彈準確命中目標，而是頻頻發出砲煙，藉著風向讓新政府軍無法過度逼近。

到了午後風向改變，砲煙改吹向自己，甲陽鎮撫隊與春日隊士紛紛拔刀衝向新政府軍。就與鳥羽．伏見之戰一樣，新選組隊士劍術精湛，但是在射程遠且火力強大的槍砲之前，劍術的優劣似乎不是那麼重要。晝八時，甲陽鎮撫隊不支潰敗，實際作戰只歷時短短兩個時辰。近藤為了振作士氣扯謊說道會津藩的救兵即將到來，但依舊止不住隊士的逃亡，因為連前日去神奈川搬救兵的土方都不見蹤影。

連出動鬼副長都叫不來救兵，會津最好會主動派援軍來。

近藤無力整頓敗軍，只好也跟著敗軍且戰且退，先是在七日退到八王子，九日再退到內藤新宿（東京都新宿區），這裡是出日本橋（東京都中央區）後甲州街道的第一個宿場，離幕府所在的江戶城只有咫尺之距，近藤暫時可以擺脫板垣的深入追擊，兵力明顯不足的板垣不會為了貪功而躁進。然而，根據東征大總督府的計畫，北陸、東山、東海三道鎮撫總督預定於十五日對江戶發動總攻擊，已具備武士身分的近藤為了保衛江戶城，勢必要再與新政府軍一戰，但是甲陽鎮撫隊已形同瓦解，手上剩下不到五十名新選組隊士的近藤有辦法再和新政府軍作戰嗎？

五、新選組分裂

甲斐勝沼之戰戰敗，甲陽鎮撫隊撤退至八王子，在這裡近藤遇上到神奈川討救兵卻空手而回的土方，土方為自己的無能為力向近藤致歉。進入慶應四年在政治上歷經幕府在鳥羽．伏見之戰吞下敗仗、將軍及多位親藩大名淪為朝敵、將軍在大坂決戰之前逃亡、將軍逃回江戶後前往上野寬永寺謹慎、德川宗家由一個年僅六歲的小孩繼承、朝廷成立東征大總督府兵分三路東下，以及即將在數日內對江戶發動總攻擊……每一件都充斥著對幕府不利的消息，在這種負面消息滿天飛的情況下，土方（包括近藤）請不到救兵並不令人意外，何況請到救兵也不一定就能擊退板垣率領的新政府軍。

甲陽鎮撫隊歷經勝沼一役形同瓦解，新選組今後該何去何從呢？撤退到八王子後，未在勝沼之役負傷的隊士如永倉新八、原田左之助等人前往前京都町奉行‧陸軍奉行並大久保主膳正（名為忠恕）的宅邸。負傷的隊士如近藤勇、沖田總司（包括土方歲三）等人在和泉橋醫學所（東京都台東區西淺草一丁目）接受松本良順等蘭醫醫生的醫治，養傷中的近藤選定淺草附近的今戶八幡（東京都台東區一丁目今戶神社）為落腳之地，打算東山再起（負傷隊士後來移往同樣位在今戶的稱福寺）。

九日，永倉來到今戶八幡勸說近藤，要他加入新組織，近藤以為是上個月由一橋家的幕臣澀澤成一郎在淺草本願寺（東京都台東區西淺草一丁目）成立的彰義隊，永倉指的是由同為松前藩出身且同在神道無念流道場學習劍術、如今成為幕臣養子的芳賀宜道。永倉認為應由芳賀擔任新組織（靖共隊）的隊長，近藤率領新選組殘存的隊士加入，接受芳賀的指揮。

為何永倉會有這一舉動呢？筆者認為永倉此舉可視為他對近藤的不滿，但並不是永倉對近藤戰陣指揮失當的不滿，而是對近藤被功名利祿沖昏頭的不滿。筆者在第一章及本章開頭都有提到近藤對於武士身分的憧憬到了一種異常渴望的程度，使他不惜在慶喜面前誇口根本不可能完成的任務，對於防禦甲府城這一吃力不討好的工作也甘之如飴。取得直參身分的近藤開始把往昔跟隨他出生入死的新選組隊士視為**家來**（公卿或武家的從者，產生獨特的主從關係，如御家人、家臣、郎黨、侍）。

這點正是永倉新八和原田左之助等人難以接受的轉變。

什麼嘛！一個多摩郡農民出身的鄉巴佬，憑什麼把我們當成他的私有物？

儘管永倉沒有在近藤面前表達出他的不滿，卻如實記載在他日後的口述回憶錄《新選組顛末記》裡（該書完成於大正二年，與事實可能有部分的出入）。永倉與近藤的第二個分歧點是對於和新政府軍決戰的地點，永倉鑒於新政府軍主力北陸、東山、東海三道鎮撫總督已在江戶外圍集結，數日內即將發動總攻擊。擁有百萬人口的江戶一旦成為戰場，不管由誰勝出江戶民眾都會是最大的受害者因而主張在江戶以外之地作戰。眼見與執意在江戶進行決戰的近藤和土方難以溝通，永倉遂於十一日與原田左之助與近藤．土方分道揚鑣，加入由芳賀成立的以旗本為主的靖共隊，兩人被委以副長之職。

道不同不相為謀。

永倉此舉與山南敬助、伊東甲子太郎無異，若在文久、元治年間必然會被鬼副長以違反隊規《局中法度》第二條論處，下令切腹，如今近藤只能眼睜睜的看著昔日二番組與十番組組長出走而無力制止。永倉、原田想和靖共隊一起前往奧州投靠會津藩，想團結奧羽諸藩一同對抗新政府軍，可惜最終只能和靖共隊轉戰北關東。近藤留下沖田在稱福寺養病，與土方轉戰流山，近藤在該地戰敗被捕，土方繼續轉戰北關東，在那裡意外的和永倉重逢，並且一起並肩作戰。可惜的是，兩人重逢時，近藤已不在人世，沖田和原田也進入人生最後的階段。

在甲斐勝沼之戰結束後，當時盛傳一種陰謀論：陸軍總裁勝海舟為了避免讓江戶成為新政府軍攻擊的目標，慨然提供五千兩軍費、大砲兩門、五百支槍枝給近藤組成甲陽鎮撫隊，打發他到甲斐以轉移新政府軍的注意力。新政府軍的成員——尤其是長州和土佐——對新選組恨之入骨，只要新選組在江戶就無法動搖新政府軍向江戶發動總攻擊的決心，所以勝不得不出此下策支使新選組在江戶以外的地方和新政府軍作戰，進而遭到剿滅。只要新選組消滅，怒氣得到平息的新政府軍或許會打消進攻江戶的決定——當然這樣的想法或許也過於一廂情願。

除了文久三年成立神戶海軍操練所那段時間外，勝幾乎人都在江戶，他與近藤、土方等新選組首腦應不至於有私人往來，也幾乎不存在職務以外的私人恩怨。勝是明知此行前去等於送死的前提下，下令新選組前往甲斐與新政府軍作戰，以今日來看勝的作法令人非議，但是勝並非假公濟私、剷除異己。甲陽鎮撫隊在甲斐勝沼之役後覆亡，勝先是派出幕臣山岡鐵舟前往東征大總督府所在地駿府與西鄉談判，然後再以幕府代表身分和東征大總督府代表西鄉吉之助在江戶薩摩藩邸平心靜氣坐下來談判，完成不流血的「江戶無血開城」。

筆者在下一章將焦點轉回京都的朝廷，在向江戶發動總攻擊的前夕，新政府正向天地神祇宣誓，因此誕生新國策《五條御誓文》。《五條御誓文》可說是明治初期最有名的政令，其影響力不僅在戊辰戰爭期間對民眾的宣傳，之後的廢藩置縣、岩倉使節團出訪、自由民權運動期間的設立民選議院以及立憲政體詔書的頒布，都打著《五條御誓文》的旗號對外宣傳。甚至於戰後昭和天皇的《人間宣言》也從《五條御誓文》裡引用若干思想，對於近代日本的民主之路有著莫大的貢獻。

豆知識

板垣退助的誕生

二月十三日，乾退助在京都木屋町通和蛸藥師通交界的土佐藩邸受到山內容堂的設宴，一一向迅衝隊士餞別，情緒激動的退助暗自立誓：

一定要為老公立下大功。

十四日，迅衝隊全體隊員朝御所的方向一拜，然後朝中山道踏上征途。岩倉特意在臨行前對形同迅衝隊總督退助說道：

甲州自古以來即以武勇之國廣為人知，即便已被德川家統治三百年，當地人至今仍非常懷念武田信玄。據聞乾家先祖是武田信玄底下的大將之一板垣駿河守信形，不妨善用這點安撫當地民心。

板垣駿河守信形，也寫作板垣信方，與甘利虎泰同為放逐武田信虎、擁立其子晴信（信玄）的主要功臣，甚得晴信信任，天文十七（一五四八）年二月十四日在武田家進攻北信濃豪族村上義清的上田原之戰中，與甘利虎泰戰死。

晴信讓信方長男信憲繼承父職，信憲不僅能力遠不如其父，也因種種過失最終遭到解職，並因私怨遭到殺害。信憲長男正信在武田家滅亡後成為浪人，後來為遠江掛川城主山內一豐以一百三十六石聘用。板垣正信似乎和山內家很合得來，出仕山內家後不久被一豐的家老山內備後收為養子，於是板垣正信成為乾正信。關原之戰後跟隨山內一豐來到土佐，是山內家的馬廻眾，石高調整為一千二百石。晚年乾正信收養家老山內一照次男正行為養子，石高縮減為三百石，正行的八世孫即為退助。

嚴格說來，退助與板垣信方並無直接的血緣關係，不過既然有這層因緣，若不加以利用未免過於可惜，於是退助廿一日進入美濃後開始放出風聲：

此次官軍統帥雖是土佐人，不過聽說其先祖乃甲州人，而且還是信玄公麾下猛將板垣駿河守的子孫！他視信玄公猶如神明一樣，這樣的人一定會對信玄公的領土及遺民愛護有加。

退助的宣傳竟然在甲斐造成轟動。

信玄公手下大將的子孫率領官軍要來收復甲州了……

所謂的傳聞大抵是三分真實加上七分虛構，但是在難以證實真偽的封建時代，街頭巷尾的傳聞往往比官方宣傳更容易取信於民。

三月一日，在進入甲斐國境前的上諏訪宿，乾退助在這裡正式改名板垣退助。三日一進入甲斐，便有自稱由武田家臣子孫、神社神主以及甲州各地浪人組成的「斷金隊」和「護國隊」等著加入新政府軍。他們把板垣及其他新政府軍帶到惠林寺（山梨縣甲州市塩山小屋敷）信玄的墓前，在那裡正式宣布「斷金隊」和「護國隊」加入官軍。此後這兩隊追隨板垣一路征戰，歷經下野宇都宮、日光之戰、上野戰爭到會津戰爭結束後才凱旋歸來。

甲斐勝沼之戰結束後板垣沿甲州街道往江戶推進，以武田氏遺臣為主的八王子千人同心也多數倒向板垣，看來板垣退助將信玄公這張牌運用得淋漓盡致。

第四章

新政府的基本國策《五條御誓文》、《五榜揭示》及《政體書》

一、紫宸殿前向天地神祇宣誓

發生在2月30日晝九時半的巴夏禮遇襲事件（格列高里曆3月23日）迅速在3月4日處斬（格列高里曆3月27日）首謀之一的三枝蓊（另一首謀朱雀操在事件當日為護衛巴夏禮的土佐藩兵殺害），由於這是一個多月來發生的第三起襲擊外國人事件，而且此次攘夷志士襲擊的對象不是別人，而是自上任以來普遍令幕閣、薩長志士感到頭痛的第二任英國公使巴夏禮（儘管最終巴夏禮在這起事件毫髮無傷）。巴夏禮之所以令人頭痛並不在於他本身，而是其英國公使的身分，因此英國公使團遇襲遠比巴夏禮一行人遇襲更令新政府感到錯愕及狼狽。

御所約在暮六時派出議定兼內國事務局督德大寺實則、議定兼內國事務局輔松平春嶽、議定兼外國事務局輔伊達宗城、外國事務局輔東久世通禧、議定兼外國事務局權輔鍋島直大前往巴夏禮下榻處知恩院探望，並向巴夏禮轉達年輕的祐宮聽到遇襲事件後非常痛心。

驚魂未定、猶如驚弓之鳥般的巴夏禮失去平時盛氣凌人的氣勢，只說道將此事交由新政府全權處置。上述官員多少都曾耳聞巴夏禮的跋扈，對於他此時的輕描淡寫難以置信，向公使再三致歉，一肩扛起此次疏失。

在巴夏禮的建議下，新政府於3月1日（格列高里曆3月24日）依當時外交慣例遞出正式致歉函，並對外公開此次襲擊事件主謀的斬首判決書謄本，由於朱雀操已在昨日遭到殺害，因此斬首判決主要針對負傷的三枝蓊。從一個多月以來的神戶事件和堺事件可看出，新政府對於層出不窮的襲擊外國人事件，其處置方式從允許切腹轉變為處以斬首，顯示出新政府對於襲擊外國人事件不再姑息的態度。

新政府繼續派出未來太政官核心成員三條實美、岩倉具視，他們此時都是總裁局副總裁。這兩人再加上前述的德大寺、東久世共四位公卿除再次向巴夏禮致上歉意外，也再次邀請巴夏禮進入御所覲見祐宮，覲見日期為3月3日（格列高里曆3月26日），三枝蓊的刑期決定為此次覲見的翌日。

三日巴夏禮謁見祐宮，客套寒暄一番，據說年僅十五歲的祐宮應答得體，顯然背後有來自公卿以外的專人指導。巴夏禮對新政府處置這次遇襲事件感到非常滿意，對於新政府得到歐美列強的支持和承認有不少的助益。謁見結束後，巴夏禮留下米特福德在京都負責與新政府聯繫溝通，他在四日與薩道義啟程前往橫濱（八日抵達），九日再轉往江戶。

新政府在北陸、東山、東海三道鎮撫總督聚集在駿河和伊豆半島的交界地沼津（靜岡縣沼津市），準備發起對江戶總攻擊的前一日——三月十四日，祐宮在御所紫宸殿召集總裁、議定、參與以及公卿、討幕派諸侯還有其他群臣百官共五百四十四名，向天地神祇祭祀，由總裁局副總裁三條實美代替祐宮朗讀由有栖川宮熾仁親王揮毫的誓文五條：

一、広ク会議ヲ興シ万機公論ニ決スヘシ
（廣興會議，萬機決於公論）

一、上下心ヲ一ニシテ盛ニ経綸ヲ行フヘシ
（上下一心，盛行經綸）

一、官武一途庶民ニ至ル迄各其志ヲ遂ケ人心ヲシテ倦マサラシメンコトヲ要ス

（官武一途，至於庶民，各遂其志，要使人心不倦）

一、旧来ノ陋習ヲ破リ天地ノ公道ニ基クヘシ

（破舊來之陋習，基天地之公道）

一、知識ヲ世界ニ求メ大ニ皇基ヲ振起スヘシ

（求知識於世界，大振起皇基）

我国未曾有ノ変革ヲ為サントシ、朕躬ヲ以テ衆ニ先ンシ、天地神明ニ誓ヒ、大ニ斯国是ヲ定メ万民保全ノ道ヲ立ントス。衆亦此旨趣ニ基キ協心努力セヨ。

（為我國未曾有之變革，朕以躬先眾，誓於天地神明，大定斯國是，以立萬民保全之道。爾等亦基於此旨趣，協心努力！）

公卿諸侯對此御誓文無不感到振奮，紛紛表示：

敕意宏遠，誠堪銘感，今日之急務，永世之基礎，不出其外。臣等謹奉戴叡旨，誓死黽勉從事，冀以安奉宸襟。

三條朗讀的即是有名的《五條御誓文》，然而此時的《五條御誓文》並無一言論及民主或民權，反而把皇權的提振列為重要的目標。十餘年後的自由民權運動以及七十餘年後昭和天皇的《人間宣言》屢屢引用第一條「廣興會議，萬機決於公論」作為爭取民主民權的依據，《五條御誓文》代表的民主民權精神也在一次又一次的引申中逐漸清晰並得到落實。

《五條御誓文》後，又有以安撫億兆萬民為主旨的宸翰，其全文如下：

朕以幼弱，猝紹大統，爾來何以對立萬國，奉事列祖，朝夕恐懼不已。竊考中葉以來，朝政日衰，武家專權，表推尊朝廷，實為敬遠之。億兆之父母，全然不知赤子之情，遂致億兆之君，徒擁虛名耳。今日朝廷之尊重，雖倍於古昔，而朝威倍衰，上下相離，有如霄壤。斯此形勢，何以君臨天下？今般膺朝政一新之時，天下億兆，有一人不得其所，皆朕之罪。今日之事朕自勞其身骨、苦其心志，立於艱難之先，盡古列祖之給蹤，勤履治績，始奉天職，無背於億兆之君。往昔列祖，親裁萬機，若有不臣者，自將征之。朝廷之政，簡易且尊重，君臣相親，上下相愛，德澤洽天下，國威輝映海外。然近來宇內大開，當各國雄飛四方之時，獨我國疏於世界形勢，固守舊習，不求一新之效。朕若安居於九重之中，偷一日之安，而忘百年之憂，恐遭各國之凌侮，上辱列聖，下苦億兆。故朕與百官諸侯相誓，繼述列祖之御偉業，不問一身艱難辛苦，親經營四方，安撫汝億兆，遂開拓萬里之波濤，宣揚國威於四方，欲置天下於富岳之安。汝億兆慣於舊來之陋習，不尊重朝廷之事，不知神州之危急。朕一度舉足則非常驚懼，生種種疑惑，萬口紛紜，不合朕志，此時不特使朕失君道，從而失列祖之天下。汝億兆若能體認朕志，相率去私見，採公議，助朕業保全神州，慰列聖之神靈，實生前之幸甚。

與其說《五條御誓文》是說給天地神明聽，倒不如說是對內安撫日本民眾、對外向歐美列強宣傳來得貼切。由於對江戶發動總攻擊在即，新政府打算利用天皇的傳統權威，破除外界對於薩長出於私心主導進攻江戶的謠傳（事實上這並非謠傳）。此外，還打算藉此拉攏立場搖擺不定的大名及其藩士加入新政府，並爭取豪農、豪商以及平民百姓的支持。

對外方面，《五條御誓文》可藉機宣傳由天皇主政的新政府廣納各方雅言（包括三月三日巴夏禮在御所覲見祐宮所給的採納通行於歐美列強的國際法、杜絕日本國人仇視外國人的行為），並向各國宣示國威。

《五條御誓文》及宸翰的內容透過《**太政官日誌**》（慶應四年二月廿三日由太政官總裁局日誌司編纂，是新政府的機關誌。刊行內容以太政官布告、人事異動以及東征軍的戰況為主，到明治十年一月廿二日共發行一一七七號，之後改稱為「官報」）的布告傳送到日本各地，包含當時還不在新政府控制下的關東、奧羽諸地。

二、《五條御誓文》的由來及演變

在慶應三年底左右到鳥羽．伏見之戰前夕（確切日期不詳），出身越前藩的橫井小楠門徒三岡八郎，整理他早年受到橫井思想的影響，歸納出以下五條的內容：

一、庶民遂志，欲人心不倦。
一、士民一心，要盛行經綸。
一、求智識於世界，廣振起皇基。
一、貢士以期限而讓賢才。
一、萬機決於公論，不論及私。

筆者在前作第二部第十九章龍馬暗殺之前有提到龍馬在慶喜宣布辭去征夷大將軍的當日（慶應三年十月廿四日）沿北國街道前往越前，向越前藩老公松平春嶽要求赦免三岡八郎，讓他負責新政府的財政。由於有龍馬的說項，在自家謹慎四年多的三岡終於得到赦免，在龍馬暗殺後的十二月十七日進京拜謁春嶽，並於次日進入御所就職三職中的參與，上述五條內容即是在就任參與期間擬定，最初名為《議事之體大意》。

《議事之體大意》乍看之下與《五條御誓文》相似卻不完全相同，不僅條文的順序有異、文字有所出入，還有部分條文（如第四條）是《五條御誓文》沒有的。三岡起草《議事之體大意》期間大概是他一生中最忙碌的日子，因為光是御所的飯錢及其他日常生活開銷已積欠二十六萬兩，即將到來與幕府的決戰依他估計少說也要三百萬兩（從之後的歷史來看，三岡的估計顯然過於樂觀）。三岡清楚知道新政府延攬自己是看重自己在財政上的專長，決不是要自己就政治議題發表意見，因此他將《議事之體大意》的內容交給同為新政府參與、以善於文章著名的土佐藩士福岡藤次過目，說道：

足下學富五車，請指教。

福岡藤次接過三岡的《議事之體大意》，修改為如下內容：

一、與列侯會議，萬機決於公論。
一、官武一途，至於庶民，各遂其志，要使人心不倦。
一、上下一心，盛行經綸。
一、求智識於世界，大振起皇基。
一、徵士以期限而讓賢才。

福岡修改後的內容稱為「會盟」，除第五條外已相當接近《五條御誓文》，二月初旬到中旬（確切日期不詳），福岡再交給新政府參議兼總裁局顧問木戶準一郎。由於公卿重視王政復古的形式，認為列侯會議會讓祐宮與諸藩藩主並列而群起反對，使得木戶不得不將第一條「興列侯會議」改成「廣興會議」。另外刪除第五條內容，加上「破舊來之陋習，基天地之公道」一條，並與第四條置換順序後定調為前節介紹的樣貌。

不管是三岡的貢士，或是福岡的徵士，顯然都不是新政府所樂見，因此福岡將貢士改為徵士，而木戶更是直接刪除徵士這條。那麼何為貢士？何為徵士？

新政府在一月十七日設置神祇、內國、外國、海陸、會計、刑法、制度等七科，同時規定七科的長官事務總督由議定中的公卿或諸侯擔任，七科的次官事務掛名額若干，由參與中諸藩藩士選出擔任，定出一定的年限。參與中的諸藩藩士即為貢士，其資格如下：

大藩（四十萬石以上）三員

中藩（十萬石以上至三十九萬石）二員

小藩（一萬石以上至九萬石）一員

另外從諸藩藩士及都鄙（農工商）選出有才能之士，使其擔任參與職務的則稱為徵士。「廣興會議，萬機決於公論」到自由民權運動期間（明治七年～二十年）逐漸具體化為設立民選議院，當時民權人士對政府的建白——諸如板垣退助監修的《自由黨史》收錄的〈民選議院設立建白書〉和〈國會期成同盟規約〉——都把民選議院（國會）的設立視為當務之急，為此在全國各地不斷進行演說、宣傳理念，將民選議院設立的理念及需求普及到豪農、豪商（但一般民眾並不在士族的考量中）。

不僅民權人士如此，太政官亦是如此。明治八（一八七五）年二月大阪會議結束後，已去職的木戶和板垣重返太政官擔任參議，為此太政官於四月十四日以天皇名義頒布大詔（或稱為《漸次立憲政體樹立之詔》），提到「朕即位之初，首會群臣，以五事誓神明，……」。**明治十四年政變**（開拓使長官黑田清隆被爆出將開拓使官有物賤價出售給同藩政商五代友厚，太政官一致認定爆料者是與他們在立憲體制上持不同意見的大隈重信，在開會討論後緊急取消官有物出售，同時罷免大隈及其黨羽，並頒布《國會開設之詔》以平息眾怒）後太政官為安撫譁然的民心，於十月十二日再次以天皇名義頒布《國會開設之詔》，內容有「……茲將於明治二十三年為期，召議員，開國會，以成朕之初志。……」，到此時總算是對《五條御誓文》中「廣興會議，萬機決於公論」的積極回應。

已故的田中彰教授在其著作《明治維新》曾引用岩倉使節團全權副使木戶準一郎，與實際負責翻譯美國憲法的佐賀藩士久米邦武（岩倉使節團的隨行成員，著有此次見聞的報告書《特命全權大使米歐回覽實記》）某日和木戶有如下的對話：

因為現今日本正值要完成世界性的大改革之時，一時覺得好的事物在施行後才發現不可為亦不足為奇。或許是不得不朝令夕改，但再怎麼樣尚未定型的政令也不能違背天皇向神明立誓時提出的內容。萬一發生改變誓言的事情，天皇不就欺瞞了祖宗神明，雖為皇室亦不能保證不會有危險。這方面的變更定要小心謹慎。

木戶一聽到這些話大感驚訝，反問：

天皇向天地神明發誓是指什麼事情？

就是五箇條的御誓文。

我這樣回答。木戶突然地拍了下雙手，「原來還有這件事啊。那誓文內容現在還記得嗎？」因為被這樣問到，所以我就從行李中把誓文抄本拿了出來，重新抄了一遍給木

戶。(以上引文引自玉山社出版《明治維新》田中彰著)

讀者看到這裡想必會與久米邦武一樣感到納悶:木戶不是《五條御誓文》的最後定稿者嗎?怎麼才過了四年多木戶就忘得一乾二淨。照理而言,木戶對於誓文的內容就算不能倒背如流,對於《五條御誓文》也應該刻骨銘心才對。田中彰教授幫久米邦武做出如下的解答:

「誓文」是心繫當時內外情勢的傑出政治文書,那絕非新國家亙古不變之大方針。正因為「誓文」是這樣的東西,所以在情勢演變後的數年間,起草當事者就已忘得一乾二淨。

聽來或許難以置信,不過實情就是如此,岩倉使節團出訪時的明治四(一八七一)年十一月,當時戊辰戰爭已經結束,版籍奉還和廢藩置縣也先後落實,日本已完成實質的統一,正致力於建設以天皇為中心的中央集權國家。《五條御誓文》的內容與此目標格格不入，若強行實現《五條御誓文》，甚至有危害國家體制之虞，所以木戶才會「變成」對「誓文」感到陌生的樣子。

三、反動的《五榜揭示》

《五條御誓文》頒布後的隔日（另一說是同日），新政府在各地街道豎起**高札**（中世到江戶時代在人潮較多的市場、路口揭示法度、掟書、罪犯的罪狀，務求讓揭示內容為庶民明瞭，於明治三年廢止），頒布《五榜揭示》（明治元年太政官布告第一五八號），如果說《五條御誓文》代表開放進取，那麼《五榜揭示》代表的就是封閉保守。《五榜揭示》的內容如下：

第一榜

一曰正五倫之道

二曰憫鰥寡孤獨廢疾者

三曰勿做殺人放火盜財等之事
第二榜
勿樹黨強訴或相率離去田里
第三榜
嚴禁切支丹邪宗門
以上三榜為永世之定法
第四榜
禁止對外國人施以暴行
第五榜
禁止領民個人逃亡
以上二榜為暫時的揭示

《五條御誓文》讓人看見走出傳統封建的日本，《五榜揭示》則是讓人看見日本繼續鑽入傳統封建。《五榜揭示》嚴格說來只有第一榜和第四榜較具正面意義，被稱為「永世之定法」

的前三榜第一榜灌輸儒家的道德綱目，第二榜要民眾不可發起一揆，第三榜是不可信仰切支丹（天主教）在內的邪教，這三榜其實都是繼承幕府時代控制及彈壓民眾的政策。

由於第三榜將切支丹定位為邪教，招致各國公使抗議，因此一個多月後閏四月四日在太政官布告第二七九號做出修正，把原來的切支丹邪宗門一分為二：邪宗門照樣嚴禁，但放寬切支丹禁令。

第四榜雖說是新政府遵從萬國公法與外國往來，但顯然與防範再次發生類似神戶事件、堺事件、巴夏禮襲擊事件有關。第五榜儼然恢復律令時代對於氾濫的脫籍現象的限制。

從以上的分析可看出，《五榜揭示》清楚表明新政府對待人民的態度與幕府根本毫無二致，新政府只是追求天皇的行動自由，卻不允許人民有行動的自由。然而，對待人民的態度與幕府幾乎一樣的新政府卻要討伐幕府。

已故的井上清教授對於《五條御誓文》和《五榜揭示》相隔一天（或同日）出現，有如下的看法：

《五條御誓文》讓人民感到親近與新鮮，而《五榜揭示》代表封建專制的陋習，如此奇妙的「共存」，讓人立即見到新政府的面目。

三月十八日，祐宮冊立准三宮九條夙子為英照皇太后。孝明天皇生前並未立后，連中宮也闕如，地位最高的是前關白九條尚忠的長女夙子，但是她在嘉永元（一八四八）年十二月十五日成為孝明天皇的妃嬪後敘從三位女御，在黑船事件前夕嘉永六（一八五三）年五月七日敘正三位准三宮。

不過，准三宮（也稱為准三后、准后）只是榮譽稱號，比照皇后、皇太后、太皇太后的待遇。是以九條夙子雖只是女御，在孝明天皇的妃嬪中地位已是最高，享有的待遇遠比祐宮生母中山慶子或岩倉具視之妹堀河紀子高得多（她們皆為典侍），與前代（孝明天皇生母典侍正親町雅子）相比，差別在於未能取得**女院**（授予三后、准母——非天皇生母，但猶如生母的地位——准后、女御、內親王的尊號。始於平安中期一條天皇生母藤原詮子皇太后因病落飾而贈與東三條院的院號。取得院號的女性比照上皇的待遇，亦能仿照上皇設置院廳、任命別當．判官等院廳諸司，維新回天後廢除）的稱號。

四、制定明治新政府政治體制的《政體書》及太政官制

這一節時間稍微往後，「江戶無血開城」（詳情請見第五章）達成後，新政府的根基日益鞏固，在下一場大規模戰役（上野戰爭）到來之前於閏四月廿一日頒布「以《五條御誓文》為目標，確定前所未定的制度規章、與《五條御誓文》內容並行不悖」的《政體書》。《政體書》全文如下：

去冬皇政維新，纔置三職，續設八局。雖事務分課，然於兵馬倉促之間，事業未能恢弘，故以今般御誓文為目的，政體・職制相繼更動，而非徒好變動。從前未定之制度・規律已次第建立，更無前後異趣。內外百官奉體此旨，確定守持根據而無疑惑。各盡其職掌，開成永續萬民保全之道。

慶應四年戊辰閏四月　　太政官

一、天下權力總歸太政官，使政令無出二途之患。太政官之權力分立法、行法、

司法三權，無偏重之患。

一、立法官不得兼任行法官，行法官不得兼任立法官。但如臨時都府巡查和外國應接，則由立法官兼任。

一、非親王、公卿、諸侯而得晉升一等官者，因其親親近大臣也。雖藩士庶人，設徵士之法，而得晉升二等官者，因其貴賢。

一、各府、各藩、各縣皆出貢士以任議員，立議事之制在於執行輿論公議。

一、立官等之制，知各其職任之重，使其不敢自輕。

一、僕從之儀，親王、公卿、諸侯得有帶刀六人、小者三人；以下則帶刀二人、小者一人。蓋除尊重之風，隔絕上下之弊也。

一、在官人勿在自家與他人私議政事。若有抱議面謁而向官中乞者，須經公論而出。

一、諸官以四年交替，用公選投票之法。但今後初次交替時，留下半數延後二年交替，不使之斷續。若其人眾望所屬難以去任者，得再延後數年。

一、立諸侯以下農工商各階貢獻之制，補政府之費以嚴軍備，以保民安。故官位者應貢其秩祿官給三十分之一。

一、各府、各藩、各縣其政令之施以御誓文為準繩，勿定其他法制、勿私授爵位、勿私鑄通貨、勿私雇外國人、勿與鄰藩或外國私下訂立盟約。此皆以小權侵犯大權，使政體紊亂。

《政體書》起草者為前述土佐藩士福岡藤次以及佐賀藩士副島種臣，兩人都是飽學之士。尤其是副島，不僅人品高尚，出身在國學者的家庭，父兄都曾在佐賀藩校弘道館任教，造就出雄厚的漢學(包含漢詩)底子，是太政官中最得西鄉吉之助尊重的人物，西鄉總是尊稱他為先生。副島的漢學造詣有多深厚呢？據說在整個日本史上僅次於有「學問之神」稱號的菅原道真。

明治六(一八七三)年三月，身為第三任外務卿的副島前往清國都城北京與當時的直隸總督兼北洋通商大臣李鴻章，就兩年前發生的牡丹社事件進行交涉。據說副島曾要求在交涉結束後謁見同治皇帝，當時就連列強之首的英國公使也未能拜見皇帝，李鴻章當然不可能同意蕞爾小國日本的要求。不料，副島卻說道：

《尚書・虞書・舜典》有云：「賓于四門，四門穆穆。」（在城郭四門接待朝覲的四方諸侯，四門到處皆是恭敬和睦。）堯舜以來，不已如此乎？

十九世紀的外國使節沒有一人能像副島那樣引用中國經典打臉中國的官員，李鴻章一臉佩服不已的神情說道：

閣下的漢學實在太淵博了。

結果，副島憑藉淵博的漢學功力成為第一個謁見同治皇帝的外國使節。

福岡和副島二人一方面參考平安時代以來的古籍《令義解》、《職原抄》，以及中國的典章制度專書《文獻通考》，另一方面又參考當時已享有盛名的啟蒙思想家福澤諭吉的《西洋事情》以及當時已有日文譯本的《萬國公法》、《聯邦志略》等書，可說是揉合和、漢、洋之學的大成之作。

根據《政體書》，新政府廢除二月三日以來設置的三職八局制。自慶應三年十二月九日

《王政復古大號令》頒布，新政府成立總裁、議定、參與三職，任命皇族中的有栖川宮和伏見宮兩家和公卿、薩、尾、越、藝、土五藩藩主及每藩各三名藩士擔任。三職並無明確的職務與權限，且三職人選亦有近半數不具備實務能力，因此《王政復古大號令》後到鳥羽．伏見之戰結束前，三職的存在顯得似有若無。

鳥羽．伏見之戰結束後於一月九日增設兩名副總裁，人選來自議定（三條實美、岩倉具視）。由於政務開始繁忙，光是三職已無法應付，於是新政府在十七日增設神祇、內國、外國、海陸、會計、刑法、制度七科，每一科設置事務總督（長官）及事務掛（次官）若干名，協同處理較為專業的事務。事務總督多由議定、參與中的藩主和公卿出任，不具備實務能力的他們難以勝任事務總督，實際負責的多為參與中的各藩藩士。

二月三日七科改組為神祇、內國、外國、軍防（原海陸）、會計、刑法、制度以及新增的總裁局共八局（三職照舊），除了名稱變更——長官由事務總督改成事務局督、次官由事務掛改成事務局輔——以及除總裁局及神祇事務局外，其他六局在事務局輔之下增設三等官事務局權輔以及四等官事務局判事，負責的事務幾乎與七科一致。

總裁局置總裁一人（有栖川宮）、副總裁二人（三條、岩倉）、輔弼二人（中山忠能、正親

三職七科制
(明治元年一月十七日)

- 三職
  - 總裁
  - 議定
  - 參與
- 七科
  - 神祇事務科（事務總督、事務掛）
  - 內國事務科（事務總督、事務掛）
  - 外國事務科（事務總督、事務掛）
  - 海陸事務科（事務總督、事務掛）
  - 會計事務科（事務總督、事務掛）
  - 刑法事務科（事務總督、事務掛）
  - 制度事務科（事務總督、事務掛）

三職八局制
(明治元年二月三日)

- 三職
  - 總裁
  - 議定
  - 參與
- 八局
  - 總裁局（總裁、副總裁、輔弼、總裁局顧問、弁事）
  - 神祇事務局（督、輔、判事）
  - 內國事務局（督、輔、判事）
  - 外國事務局（督、輔、判事）
  - 軍防事務局（督、輔、判事）
  - 會計事務局（督、輔、判事）
  - 刑法事務局（督、輔、判事）
  - 制度事務局（督、輔、判事）

政體書官制
(明治元年閏四月廿一日)

- 立法—議政官
  - 上局（議定、參與）
  - 下局（議長、議員）
- 立法
  - 行政官（輔相、弁事、史官等）
  - 會計官（知官事、副知官事等）
  - 神祇官（知官事、副知官事等）
  - 軍務官（知官事、副知官事等）
  - 外國官（知官事、副知官事等）
  - 刑法官（知官事、副知官事等）
  - 民部官（知官事、副知官事等）（明治二年四月八日設置）
- 司法—刑法官（知官事、副知官事等）

府（知府事、判府事）
縣（知縣事、判縣事）
藩（諸侯）

三職七科制、三職八局制、政體書官制

町三條實愛）、顧問四人（木戶準一郎、大久保利通、小松帶刀、後藤象二郎）以及弁事若干名（公卿及諸藩藩士）。三職中既然已有總裁、副總裁，再於八局增設總裁局實顯得多餘累贅。

三職七科制和三職八局制皆有職權劃分不明確的缺失，而且權力亦不集中。為了確實達到「政令無出二途之患」，必須再次的進行官制改革，即《政體書》第一條開宗明義提到「天下權力總歸太政官」。太政官是什麼呢？它並非單一機構，而是政府所有機構的總稱，即《政體書》中所言的立法、行法（行政）、司法三權。《政體書》頒布的同時，也頒布新的太政官制，舊有的三職八局因太政官制的頒布而廢除，原來的三職八局官員則順理成章成為太政官成員。

由於《政體書》強調三權分立原則，因此新設的太政官強調有立法、行法、司法等三種機構，使權力「無偏重之患」。其組織機構如下：

立法機構——議政官（分上、下局）
行法機構——行政官、神祇官、會計官、軍務官、外國官

司法機構——刑法官

以上七官統稱太政官（七官之後的「官」指「機構」，而非個別的「官員」），在《政體書》頒布這天，各官成員如下：

議政官　上局　議定

中山忠能

正親町三條實愛

中御門經之

松平春嶽

岩倉具視

三條實美

德大寺實則

鍋島直正

蜂須賀茂韶
毛利元德

議政官　上局　參與
木戶準一郎
小松帶刀
大久保利通
廣澤真臣
後藤象二郎
福岡孝弟
副島種臣
横井小楠
由利公正

議政官　下局　議長

缺

行政官　輔相（長官）

三條實美

岩倉具視

行政官　弁事（次官）

坊城俊章

烏丸光德

勘解由小路資生

秋月種樹

神山郡廉

門脇重綾

田中不二麿
毛受鹿之助
青山小三郎
坊城俊政
大原重朝
神祇官　知事（長官）
鷹司輔熙
神祇官　副知事（次官）
龜山茲監
神祇官　判事（三等官）
缺

會計官　知事
萬里小路博房
會計官　副知事
缺
會計官　判事
小原忠寬
池邊永益
軍務官　知事
仁和寺宮嘉彰親王
軍務官　副知事

長岡護美

軍務官　判事
吉井友實

外國官　知事
伊達宗城

外國官　副知事
東久世通禧

外國官　判事
缺

刑法官　知事
大原重德

刑法官　副知事
缺

刑法官　判事
土肥謙藏
中島錫胤

上述名單只列出《政體書》頒布當日就職者，不在名單上的山內容堂、西鄉吉之助、大隈重信、板垣退助、大村益次郎等人日後陸續成為太政官成員。從名單來看，議政官雖屬立法官，且受限於條文中「立法官不得兼任行法官，行法官不得兼任立法官」的規定，但是三權分立原則並不徹底，議政官處理行政事務的時間遠多過立法事務。與其說當時太政官沒有人才，倒不如說當時太政官內除橫井小楠等少數人外，公卿、藩主以及諸藩藩士欠缺三權分立的概念。

《政體書》第八條規定：「諸官以四年交替，用公選投票之法。」於是新政府在明治二(一八六九)年五月十五日廢除議政官，除岩倉具視、德大寺實則、木戶準一郎、大久保利通、後藤象二郎、副島種臣、由利公正、板垣退助、東久世通禧等人外，其餘成員都在該日辭職離開議政官。同日進行三等官以上的官員選舉，木戶準一郎、廣澤真臣、大久保利通、寺島宗則、大隈重信等實力派毫無意外當選，並定下每四年選舉一次、每兩年改選半數官員的制度。可惜，新政府的保守派認為經常舉行選舉有產生共和政體之虞，會威脅到天皇制而出面抵制，於是明治二年的選舉成為戰前日本僅有的一次官員選舉。

《政體書》第十條要各府、各藩、各縣「勿定其他法制、勿私授爵位、勿私鑄通貨、勿私雇外國人、勿與鄰藩或外國私下訂立盟約」顯然意圖削減地方的權力，地方權力削減意味新政府權力擴大，有明確朝建立中央集權國家發展的意向。

從三職七科制經三職八局制到太政官制，一個明顯的特徵為皇族勢力的衰退，前兩者還能見到有栖川宮熾仁親王、山階宮晃親王、聖護院宮嘉言親王(伏見宮邦家親王第二王子）、仁和寺宮嘉彰親王、知恩院宮博經親王（伏見宮邦家親王第十二王子，之後宮號為華頂宮），到太政官制只剩嘉彰親王留在軍務官知事，這是他從七科以來一直擔任的職務。

太政官制可說是由公卿、藩主及諸藩藩士構成，從慶應四年閏四月廿一日到明治十八（一八八五）年十二月廿二日實施內閣制度時廢除。期間太政官分別於明治二年七月八日及明治四年七月廿九日進行兩次重大改組，之所以稱為重大改組並不是因為增設新部門之故，而是公卿與藩主隨著改組逐漸被排除在太政官外。明治四年七月廿九日進行第三次改組後，能力普遍不足的藩主已無法在太政官生存，長期對世界缺乏認知的公卿也被壓縮到只剩三條實美及岩倉具視兩個名額，分別擔任太政大臣及右大臣。

太政官制的另一現象為諸藩藩士崛起，而且隨著每次改組有逐漸往薩長土肥四藩集中的傾向。最初的七科並無佐賀成員，二月三日改組為八局，起初亦無佐賀成員，但一到太政官制成立就有鍋島直正（閑叟）、副島種臣兩位佐賀成員，之後加入大木喬任、大隈重信、鍋島直大等人，在太政官制兩次重大改組後又陸續加入山口尚芳、江藤新平、佐野常民、中牟田倉之助，這一現象代表佐賀藩已加入新政府，時間即為前章提到的東征大總督府成立之時。筆者在前作第一部介紹佐賀藩時提到「鍋島齊正主政下的佐賀藩一點也不遜於薩摩藩，而且還很有可能凌駕於薩摩之上。……自行製造出當時世界最先進的武器阿姆斯壯砲……還能量產，用以裝備佐賀藩軍，……」如此戰力的佐賀藩加入新政府代表的意義遠非其他藩可以比擬，不久之後佐賀藩就會在江戶證明其莫諱高深的實力。

下一章內容緊接在第三章之後，敘述第三章提及新政府軍即將對江戶進行總攻擊。擁有百萬人口的江戶是否能夠躲過新政府軍的總攻擊呢？是否會得到意料之外的援助呢？幕府的幕閣、幕臣、號稱八萬騎的旗本該如何面對江戶前所未有的浩劫呢？在下一章即將得到解答。

豆知識

大坂遷都論及大坂行幸

筆者在第一章提到隨著慶喜逃出大坂城，大坂城守兵因前所未見的主帥陣前逃亡導致士氣低迷，新政府為了徹底瓦解守軍的士氣而發布《慶喜追討令》。此令一出，大坂城守將幕府軍總督松平正質、副總督塚原昌義、陸軍奉行竹中重固三人做出解散守軍，並把大坂城引渡給尾張、越前二藩的決定。

新政府該如何處理已納入統治下的這一當時日本最富庶之地大坂呢？三職中任職議定且於一月十七日被任命為內國事務掛的大久保利通，在就職該日對三職總裁有栖川宮提出建議，強烈要求祐宮離開御所，前往石清水八幡宮及大坂行幸。

為何大久保利通會提出石清水八幡宮及大坂行幸呢？據《大久保利通日記》的記載，是出於「革除朝廷舊弊以御一新，便利於與設置在大坂的外國公使館交涉。」翌日，大久保向即將成為同僚的廣澤真臣（十九日就任內國事務掛）提出此事，並強調此為「當務之急」，得到廣澤認同，進而遊說副總裁岩倉，亦得到岩倉首肯。不過，之後數日大久保似乎發現光是行幸並無法與外國公使館交涉，而與外國使節交涉也並非是祐宮的職責。因此，大久保改在廿三日提出《大坂遷都建白書》。

遷都建白書內容頗為冗長，其要點為：「……一新數百年來因循之弊，應國內同心合體，以感恩之情奉一天之主；以依賴之心待下蒼生。上下一心必能令天下萬民感動涕泣，則無不能進行之事，此為今日最急之務。……本朝的聖時……首先在於遷都的大英斷。……」

到慶應四年一月大久保提出遷都建白為止，新政府控制的地方中，大坂是最具首都機能之地，歷史上的古墳時代和飛鳥時代，也曾有包括應神天皇、仁德天皇在內等多位天皇遷都難波京的記載，反倒是之後定為首都的江戶，因距離過於遙遠，在此之前不曾被任何天皇看中定為首都。

大久保的盤算應該是藉遷都之名讓祐宮離開暮氣沉沉的京都，擺脫無知的公卿和女官的羈絆，因此選定已經開港且有外國公使館進駐的大坂，因為大坂是「……與外國交際之道，富國強兵之術，取攻守大權之事，起海陸軍之事，皆具備最適當之地形。」

不過大久保的遷都論遭到保守公卿激烈的反對，尤以幕末時被攘夷派痛斥為「四奸二嬪」之一的前內大臣久我建通為最，痛斥：「遷都之事，乃薩之奸謀，是薩長合作，大張私權。」一部分藩主如松平春嶽也抱持反對態度，認為遷都問題須等到日後進行列侯會議再做決定，春嶽此舉形同否決大久保的大坂遷都。

眼見大坂遷都無望，大久保改為致力於大坂行幸。三月十四日結束向天地神祇祭祀後，祐宮隨即在廿日於紫宸殿進行軍神祭祀。祐宮祭祀的軍神包括天照大御神、大國主神、武甕槌神、經津主神，前兩者分別為大和朝廷及出雲地方的祖神，後兩者分別是鹿島神宮及香取神宮的主祭神，若再加上諏訪大社的主祭神建御名方神則為記紀神話中的三大軍神。

此外，大久保於廿一日讓祐宮以「御親征」的名義離開京都，兩日後抵達大坂，以當地的本願寺津村別院（大阪市中央區本町四丁目，通稱北御堂）為**行在所**（特別指天皇行幸時下榻的居處或臨時的行宮），展開為期四十四日的滯留大坂。

在時任海軍總督聖護院宮嘉言親王的建議下，三月廿六日祐宮在大坂天保山沖視察當時效忠新政府的各藩船艦，此為日本最初的觀艦式（海上閱兵）。不過祐宮只在陸地上（天保山公園）觀閱，接受祐宮觀閱的船艦共有以下六艘：

旗艦電流丸（三〇〇噸，佐賀藩所有）
萬里丸（六〇〇噸，熊本藩所有）
千歲丸（四五九噸，久留米藩所有）
華陽丸（四一三噸，長州藩所有）
萬年丸（二七〇噸，薩摩藩所有）
三邦丸（四一〇噸，薩摩藩所有）

這六艘船艦組成了日本最早的聯合艦隊。六艘船艦連同一艘停泊在天保山沖的法國軍艦齊放禮炮迎接祐宮到來，日後由宮內廳編纂的《明治天皇紀》留下「舳艫相銜，威風堂堂，壯觀無比，天顏特麗」的記載。讀者可將這六艘船艦的噸位數與筆者在序章第四節列出的幕府船艦作比較，何者才稱得上「威風堂堂，壯觀無比」相信自有分寸。由於這是日本最初的觀艦式，自然沒有之後觀艦式必有的《軍艦進行曲》（軍艦行進曲或軍艦マーチ，明治三十年由鳥山啟填詞、瀨戸口藤吉作曲，是日本最具知名度的進行曲）的演奏。

儘管此次大坂行幸歷時四十四日，但是此行並不包含在日後明治天皇的六大行幸中。

※明治天皇的六大行幸：以明治天皇行幸東京（奠都東京）為原型，目的在於強調天皇地位的正統性，並藉由天皇行幸讓日本民眾萌生對天皇的認識以及對天皇統治國家的認同，進而樹立絕對主義天皇制的權威。六大行幸集中在明治十八年以前，之所以集中在明治初期與此時士族叛亂、自由民權運動接踵而起導致皇權不彰有關。六大行幸少則半個月、多則將近兩個半月，行跡遍及山陰、四國、沖繩除外的日本全國，行幸期間中央權力不斷往地方滲透、各地行政機關及地方望族也因此強化對地方的聲望，對於近代天皇制的鞏固有莫大之功。

第一次行幸（近畿、中國、九州）：明治5年5月23日～7月12日
第二次行幸（東北地方、包括函館）：明治9年6月2日～7月21日
第三次行幸（北陸、東海道）：明治11年8月30日～11月9日
第四次行幸（中央道）：明治13年6月16日～7月26日
第五次行幸（東北、北海道）：明治14年7月30日～10月11日
第六次行幸（山陽道）：明治18年7月26日～8月12日

第五章

江戶無血開城

一、回到江戶後的慶喜

筆者在第一章第九節提到慶喜在鳥羽．伏見之戰失敗當日在大坂城進行振奮人心的演說後，當晚卻帶著松平容保、松平定敬兩位「一會桑」成員以及若干幕府成員悄悄離開大坂城門，搭乘開陽丸連夜駛出大坂灣。

接下來數日航行在初春冷冽的太平洋上，在寒氣和水氣的侵襲下，這位陣前逃亡的「上樣」內心思考些什麼呢？是被他無情拋棄的大坂城將士呢？或是在江戶城的幕閣呢？還是被他丟在京都、年長他兩歲卻無夫妻之實的御台所一條美賀子呢？隨著江戶的逼近，內心浮現出一個不願想起的人的身影，矮小的身影、堅毅的神情等種種對她的印象逐漸清晰起來。
一想到她，慶喜臉上立即現出不快的神情。
她，就是十三代將軍御台所天璋院。

那個女人對我有嚴重的偏見。

慶喜在與慶福競爭將軍繼承人時即有這種感覺，這位比自己的正室還小幾個月的御台所對其他人總是笑臉盈盈，但只要看到自己馬上切換成鄙夷、輕蔑且充滿不屑的眼神，好像自己做了什麼十惡不赦的事。繼承將軍一年多來，不……，是自就任將軍後見職於文久三年一月上洛以來，五年來慶喜幾乎滯留京都不歸，除了京都形勢險惡而不得不坐鎮該地外，也未嘗與不想和大奧女主人見面有關。

想當初我可是妳父親推崇不已的人選呢！

正當慶喜想著回到江戶該如何與天璋院應對以及今後政局演變而想到出神，開陽丸不知不覺已在品川沖靠岸，日期是一月十一日朝五時，在品川沖迎接慶喜上岸的是軍艦奉行勝海舟。雖然早早回到江戶，慶喜拖到當日深夜才遣人向老中們及大奧傳達主上返回的消息。照理而言將軍返回江戶城應有一定程度的陣仗，老中首座率領幕閣到城外迎接是最基本的禮儀。不過將軍並非在鳥羽．伏見之戰獲勝凱旋歸來，而是拋下幕府及其他譜代各藩的軍隊在大坂，獨自搭乘軍艦逃回來，因此也就沒有盛大的歡迎儀式。

不見！我不想見他。

天璋院幾乎不加思索的拒絕。她此時已對慶喜的作為有所耳聞，自己有何必要去見一個陣前逃亡的將軍。

父親，您為何會認為慶喜有擔任將軍的資質？

天璋院在無數個夜裡想必不止一次對已逝的齊彬抱持如此的質疑。

十二日一早，慶喜正式進入江戶城，立即召集譜代大名和旗本登城。不過，譜代大名和旗本登城需要一段時間，因此慶喜又派出使者到大奧求見天璋院。天璋院歷經一晚的思考，儘管對慶喜厭惡歸厭惡，為了德川宗家的存續，天璋院只能按捺住自己不滿的情緒，在不是很甘願的情形下與慶喜見面。

身著法國陸軍軍裝的慶喜，來到江戶城**中奧**（位於江戶城本丸御殿內，介於表和大奧之間，是將軍執行政務及日常生活之地）進入屬於大奧御殿的「御對面所」（供將軍家親戚來訪時使用的部屋）與天璋院會面。慶喜先為鳥羽．伏見之戰指揮不利導致敗戰致歉，然後詳細說明該役始末。薩摩藩以江戶三田藩邸為代價挑釁幕府軍縱火焚燒一事天璋院亦有耳聞，再以此事為依據誘使朝廷發布《慶喜追討令》則是初次聽聞，於是慶喜在這種情形下成為朝敵。儘管對慶喜依舊不滿，但是薩摩藩的狡詐也同樣讓天璋院不滿。

若在承平之時，薩摩此舉與叛亂無異！

最後慶喜才點出此次的來意。

希望您與靜寬院宮能向朝廷澄清，撤銷朝敵之惡名。

慶喜向天璋院懇求一番後先行告退，然後回到表接見登城的譜代大名及旗本，進行評定。部分戲劇或小說聚焦於此時幕府對於歸順或作戰難以下定決心，其不知所措的情形像極了小田原評定時的北條家。不過，其實幕府此時的主要論調是憑箱根之險與為數約五萬的新政府軍作戰，會津藩主松平容保、桑名藩主松平定敬、勘定奉行兼陸軍奉行並小栗上野介忠順、開陽丸艦長榎本武揚、步兵頭並大鳥圭介、旗本水野下總守忠德等人是主戰派的強力支持者。勝海舟出於不讓日本有限的軍事力量毀於無意義的內戰中，因而主張對新政府軍恭順。此時的勝就與力勸慶喜返回江戶，在碓氷峠、小佛峠、箱根山部屬兵力以待新政府軍到來的會津藩家老神保修理的主張如出一轍不為主戰派接受，當著慶喜的面前痛斥勝的軟弱。

此時，主戰派之一的小栗提出一個很有見地的戰略：

薩長軍的海軍遠不如我幕府艦隊壯盛，若敵軍從東海道而下，可將其困在箱根關內海岸線無法觸及之地，我軍在薩埵峠以逸待勞，榎本再率領艦隊進入駿河灣從後砲擊，如此一來即可孤立敵軍，將其殲滅。然後在小佛峠迎擊甲州街道的敵軍、在碓氷峠迎擊深入中山道的敵軍，使其孤立無援最終殲滅，此為最佳之良策。

比起近藤在大坂城的誇口，小栗的戰略頗具深度，儘管勞師動眾，但未嘗不值得一試。只是慶喜已決定透過天璋院和靜寬院宮兩位前御台所向朝廷示弱，以換得撤銷朝敵的罪名，甚至若有必要慶喜也可以同意立即退隱。小栗的戰略只會讓自己陷入朝敵的泥淖，慶喜當下若有所思，內心已抱定決心不採納主戰派的請戰。

日後長州出身的軍防事務局判事大村益次郎進入江戶，聽聞此事後，嘆道：

幕府若實行小栗的戰略，今日我等便身首異處。

十五日，慶喜與兩位前御台所會面。慶喜身上仍穿著十二日與天璋院見面時的法國軍裝，據說那是去年十二月慶喜退出二條城、撤往大坂城後法國公使侯許贈送的軍裝。靜寬院宮要求慶喜脫下軍裝才願意與他會面，慶喜因有求於靜寬院宮而不得不從。在已故作家宮尾登美子的作品《天璋院篤姬》或根據該書改編的大河劇《篤姬》，靜寬院宮都被描寫成除了家茂外不對任何人敞開心房，在家茂薨去後一心只想回京都。然則實際上靜寬院宮與天璋院同樣為解救德川宗家而盡力，儘管她沒有天璋院的行動力，但是身為祐宮姑母的身分非常有利於與朝廷的交涉。

慶喜在這一日的會面提出請兩人向朝廷代為傳達以下三件事：

一、慶喜會讓出將軍之位並且退隱。

二、不再具有將軍繼嗣的決定權。

三、為了引發戰爭向朝廷表達謝罪之意。

如果讀者對於前作還有印象，應該還記得慶喜早在去年十月廿四日已主動向朝廷辭去將軍一職，所以實際上傳達的應該是第二、第三兩件。

慶喜和兩位前御台所在十七日又見面會談一次，結束後靜寬院宮開始起草給朝廷向慶喜請求寬恕的信件，靜寬院宮的書信如今收錄在《續日本史籍協會叢書收錄的靜寬院宮御日記》以及《維新史料聚芳》的〈靜寬院宮親子內親王御書翰〉，共有數封，當中一封信的內容如下：

無論如何，本次事件全歸咎於慶喜以往言行不周之故，關於慶喜如何任憑處置，衷心懇請務必保留德川家名，直到後世，我已嫁入德川家，當家留下朝敵之污名，實為遺憾至極。務請憐惜我，我將不惜己命，懇請雪污名以立家名。若仍派遣官軍擊潰德川家，我將目睹當家滅亡，終生遺憾，必要時亦有所覺悟。儘管對朝廷深感抱歉痛心，我將不惜己命與朝敵共存亡。若您心存憐憫，還請保留德川家名，若您願意憐憫我，毋庸多言，我與一門上下定將叩首謝恩。無論如何請務必批准所請。此外，也請其他役眾多加關照，萬事拜託。以上。

致橋本少將大人（譯文引用半藤一利《幕末史》〔遠足文化，二〇一七〕）

靜寬院

讀者乍看此信可能很難與大河劇《篤姫》那個無比沉靜的靜寛院宮聯想在一起，這封信有幾個地方頗值一提。首先，整封信件都沒有提到饒恕慶喜，靜寛院宮希望新政府軍（信件裡以官軍稱之）赦免、保全的是德川宗家，而非慶喜。之後天璋院寫給西鄉吉之助的信件也與此大同小異，哀求新政府軍（官軍）饒恕德川宗家，但信件內容始終未涉及到赦免慶喜，對兩位前御台所而言，保全德川宗家乃當務之急，相較之下慶喜的性命顯得不是那麼重要。

其次，靜寛院宮信件的收件人橋本少將全名橋本實梁，是鳥羽．伏見之戰期間新政府任命的東海道鎮撫使，隨著二月九日東征大總督府成立，鎮撫使改為鎮撫總督。儘管職務名稱改變，不變的是依舊負責進攻東海道的任務。筆者在前作曾簡單介紹靜寛院宮的家世，其生母觀行院是前前代仁孝天皇的典侍，全名為橋本經子，兄長為公武合體派公卿橋本實麗。東海道鎮撫使橋本實梁是實麗養子，換言之，即靜寛院宮名義上的表兄。

靜寛院宮的信函指定當初跟隨自己降嫁關東的上臈御年寄土御門藤子送往京都，藤子於一月廿一日出發前往京都，延宕多時才於二月三十日返回江戶覆命。靜寛院宮與天璋院在二月初又分別派遣使者帶著信函前往京都請求保全德川宗家，她們此次派出的使者被迫在京都滯留三個多月才返回江戶，斯時江戶城早已易主。

慶喜已決定對新政府採取恭順姿態，儘管主戰派一再慫恿再戰，法國公使侯許也不斷承諾只要再戰法國一定會給予援助。然而慶喜好似吃了秤砣鐵了心，對於主戰派的意見一概不採納。先是在十五日解除主戰派領袖之一小栗忠順陸軍奉行並的職務（勘定奉行則予以保留），之後又在廿三日進行規模較大的改組，拔擢以下成員到新職務上：

若年寄：平山敬忠、川勝廣運
陸軍總裁：勝海舟
陸軍副總裁：藤澤次謙
海軍總裁：矢田堀鴻
海軍副總裁：榎本武揚
會計總裁：大久保一翁（忠寬）
會計副總裁：成島柳北
外國事務總裁：山口直毅
外國事務副總裁：河津祐邦

上述成員除榎本武揚外都不是主戰派，之所以重用主戰派的榎本乃是因為具有留學荷蘭資歷的他無可取代之故。

二月四日，會津藩主松平容保為擅自脫離大坂負責，辭去藩主之位，由十四歲的養子喜德繼任藩主。喜德出身水戶家，是已故的前藩主齊昭之十九男，換言之，喜德為慶喜的異母弟。

九日新政府成立東征大總督府，將鳥羽．伏見之戰期間任命的北陸道、東海道、東山道三道鎮撫使納入東征大總督轄下，改稱鎮撫總督，置有鎮撫總督府。慶喜為了讓恭順主張能順利進行，在這一日主動將鳥羽．伏見之戰的幕府軍負責人松平正質、塚原昌義、竹中重固三人免職，並處以**逼塞**（江戶時代對武士或僧侶的處分，禁閉在室內晝間不得進出，可分為三十日與五十日兩種）的處分。此外免職對象還擴及到開鳥羽．伏見之戰第一槍的瀧川具舉以及永井尚志等人，並處以不同程度的處分。

十二日，慶喜將江戶城委託田安慶賴（後述龜之助生父）及津山藩主松平慶倫生父松平齊民。由勝海舟召集精於劍術的旗本子弟七十餘人組成護衛慶喜人身安全的精銳隊（如號泥舟的高橋伊勢守精一郎、號鐵舟的山岡鐵太郎以及松岡萬），以及新選組局長近藤勇及其若干隊士的護衛下，步出江戶城前往上野寬永寺大慈院作為謹慎之地。此時慶喜年僅三十二歲，他的一生也還未走到一半，但是慶喜的政治生命已經永遠結束，進入一個只有四疊半大(約二點二五坪、七點四平方公尺)的大慈院，在這裡持續將近兩個月的謹慎。之後先是前往水戶，繼而又到駿府隱居，直到明治三十一(一八九八)年三月才獲邀進入已改名為皇居與他的連襟明治天皇會面。宛如為補償他這三十年受到的不公待遇，明治天皇先是在明治三十三年封他為**麝香間祇侯**(成立於明治初年，給予對明治維新有功者或華族出身的名譽職，相當於敕任官的待遇，明治末期名額固定為十五名)。明治三十五年六月慶喜受封為公爵，獲准在德川宗家之外另行成立德川慶喜家，使得德川家與島津家成為同樣擁有兩個公爵爵位的家族，慶喜也因而成為貴族院議員(公爵、侯爵無須透過選舉即為當然議員)。

慶應二年七月廿日去世的十四代將軍家茂，在臨終前跳過慶喜指定出身御三卿的田安龜之助為繼承人繼承德川宗家。在此之前德川宗家當主等於將軍人選，因此家茂指定龜之助為繼承人也等於排除慶喜繼承將軍的資格。不過現實環境並不允許將軍落在未滿四歲的稚兒龜之助身上，幕臣和大奧不得不違背家茂的遺言，改擁慶喜繼承德川宗家。

慶喜一月十五日與兩位前御台所的會面，希望她們向朝廷傳達的第二點「不再具有將軍繼嗣的決定權」。既然現任德川宗家當主不指定後繼人，理所當然由上任宗家當主指定的繼承人田安龜之助繼承。不過，隨著慶喜不久之後受到轉封駿府的處置，龜之助並未跟隨慶喜前往駿府，而是留在江戶由天璋院撫養成人。

二月十五日，容保在江戶和田倉會津藩邸聚集所有藩士，對於他們自鳥羽・伏見之戰以來的奮戰不懈表示感激，同時也為自己丟下軍隊逃回江戶向藩士們謝罪。十六日，會津、桑名二藩成為僅次於慶喜的第二號朝敵之敕命傳達至江戶，容保雖難以置信但也不得不接受。

若是先帝還在，決不致有此情形。

由於已成為朝敵，容保禁止登江戶城，他隨即簡單收拾行李沿奧州街道返回會津，廿二日抵達會津立即閉門謹慎以待朝廷進一步的處置。

敕命不可違。孝明天皇治世，曾因擊退對御所發砲的長州藩而得到先帝親筆宸翰及御製，嘉勉容保在八月十八日政變及禁門之變沉著的表現。當時京都民眾傳唱「會津肥後守大人，就任京都守護職。御所繁榮、公家安心，世道太平真正好。」的俗謠，斯時容保是多麼深受天皇、公卿、民眾的愛戴！可是也不過才四年的光景，昔時的王城護衛者竟淪為朝敵，對比之下又是顯得何等諷刺！

會津藩士普遍無法接受被外界視為朝敵的恥辱，他們不願相信讓會津成為朝敵是出自祐宮的主意，於是開始尋找讓會津藩成為朝敵的「戰犯」。最終他們找到的「戰犯」是第一章第九節主張整個幕府軍撤退回關東的家老神保修理，認為他是會津藩、甚至整個幕府軍在鳥羽．伏見之戰招致敗戰的罪魁禍首。被幽禁在和田倉藩邸的神保，雖有勝海舟為搭救他而努力，但是終究在會津藩士的指責下於松平容保抵達會津的廿二日負起責任切腹。

鳥羽．伏見之戰的失敗是幕府軍以低迷的士氣，搭配老舊的武器和過時的戰術在缺乏大義名分的情形下發起的戰爭，不是任何單一個人需要為其失敗負起責任（如果有也應該是慶喜）。但是在成為朝敵的恐慌畏懼下，整個會津藩士竟陷入集體盲目，他們急於需要發洩被當成朝敵的怨氣，進而集體失去正常判斷力，不思考如何解決問題卻急著解決提出問題的人，於是神保修理成為這集體盲目下的犧牲品。

與容保並列僅次於慶喜的第二號朝敵桑名藩主松平定敬，由於桑名藩已擁立世子松平定教（定敬養子）在一月廿八日向新政府降伏，無法返回桑名的定敬在品川沖搭乘俄國船隻前往越後投靠其他譜代大名。

二、新政府軍開出的條件

二月三日，祐宮發出親征之詔，提到「此次慶喜以下之賊徒逃往江戶城，日益暴逆，致四海沸騰。朕不忍萬民塗炭，叡斷（天子的決斷）以御親征」。將北陸道、東海道、東山道三道鎮撫使改稱鎮撫總督，設置鎮撫總督府，另外新成立奧羽鎮撫使總督府。不過最終祐宮並未親征，而是如筆者在第三章所述在二月九日成立東征大總督府，把北陸、東海、東山三道鎮撫總督外加新成立的奧羽鎮撫使總督納入東征大總督府管轄。有栖川宮於十五日接受祐宮賜予的錦之御旗及節刀，象徵大總督的權力來自於祐宮的授權。授旗、授刀儀式結束前新政府軍已兵分北陸道、中山道、東海道三路東下，一直以來對幕末政局冷眼旁觀的佐賀藩，由第十一代藩主鍋島茂實（鍋島閑叟長男，戊辰戰爭結束後改名直大）在此時宣布加入新政府軍。有了武裝精良的佐賀藩加入，新政府軍戰力更上一層樓，加上其他西國、近畿諸藩在鳥羽．伏見之戰後紛紛加入，此時新政府軍實力遠超鳥羽．伏見之戰前夕。

授旗、授刀儀式結束後，戴著烏帽子、身著**鎧直垂**（作戰之際將直垂穿在鎧甲內，並縫上錦、練絹或生絹等織物，最常見於平安末期到中世紀）的大總督有栖川宮出御所宜秋門，在錦之御旗的飄揚和「宮さん宮さん」的歌聲下，大總督和護隨的東海道軍士氣高昂的沿著東海道一路往江戶而去。

大總督府下參謀之一西鄉先行在名古屋脫隊，於二月廿八日進入對德川家而言具有重大歷史意義的駿府城（靜岡縣靜岡市葵區駿府城公園）。從東海道一路走來沒有遇上任何抵抗的大總督也在三月五日進入駿府城。全軍休息一日後，大總督於次日召開以東征大總督府及東海道鎮撫總督及參謀為對象的軍事會議，決定在十五日對江戶發動總攻擊。

會議中另外決定對德川家的處分，其要點如下：

一、慶喜若真心恭順且願意接受朝廷的追究的話，理應主動前來軍門（大總督所在的駿府城）謝罪。

二、盡快交出江戶城。

三、軍艦一艘不留全部引渡。

四、旗本一個不留全部移往向島（東京都墨田區）謹慎。

五、兵器、彈藥、槍砲全部繳交。其他幕吏百餘名悉數斬首。

此時大總督府只是兵臨城下，尚未歷經決戰已儼然一副勝利者姿態。要慶喜前來大總督所在地駿府謝罪，不僅要開江戶城投降，還要交出全部軍艦、兵器、彈藥、槍彈，而且所有將軍直屬的旗本離開江戶城到向島謹慎，另外要交出一百餘名幕吏當作戰犯斬首。從以上列出的條件來看，嚴苛之程度不輸給所謂的「無條件投降」，可以想見除去慶喜之外的幕臣——即便是恭順派的勝海舟——應該都不可能無條件接受。

早在二月時，大久保參酌岩倉提出的慶喜處置意見書提出處分慶喜的三個條件：

一、慶喜若是願意恭順則可免去死罪。

二、慶喜前來軍門謝罪，之後交由備前藩看管。

三、城及軍艦、槍彈移交。

大久保對慶喜的處置在二月揭露後得到三職八局的認同，成為新政府內部的主流意見。大總督府此時召開的會議，細節方面雖較二月時大久保的提案嚴苛，不過基本上還是根源自大久保的提案。

大總督府即以此日開會的決議作為對幕府的最後通牒。

三、西鄉與山岡鐵舟的會面

似乎是在慶喜進入寬永寺大慈院謹慎前，他透過松平春嶽向京都朝廷遞出保證恭順的「謝罪狀」，希望能藉由「謝罪狀」換取對慶喜的饒恕。

另一方面，慶喜謹慎後江戶的實際領導者為恭順派的核心人物——陸軍總裁勝海舟及會計總裁大久保一翁也在為饒恕慶喜的性命而努力。他們草擬一份向新政府為慶喜請命的書信，然後物色將書信帶到駿府大總督府的人選。幾經思考後兩人一致認定高橋泥舟的妹婿山岡鐵舟是最適當的人選，於是在三月六日命他帶著信件前往駿府，這一天剛好也是大總督府決定對江戶發動總攻擊的日子。

山岡帶著信件出城後沿東海道趕路而去，從江戶城到駿府城沿途行經品川、川崎、神奈川、保土谷、戶塚、藤澤、平塚、大磯、小田原、箱根、三島、沼津、原、吉原、蒲原、由比、興津、江尻等十八個宿場。從今日可見的歌川廣重《東海道五十三次》名所繪可知東海道沿途景色的優美，不過一心趕路的山岡並無欣賞風景的閒情逸致，從江戶到駿府約一百七十四公里的路途，山岡只花三天時間便在九日進入駿府城，不難想像山岡沿途趕路趕得多急。

山岡一到駿府城立即被警戒在大總督府周遭的新政府軍發現，新政府軍紛紛拔刀架住山岡，他們認定山岡是幕府方派來的細作而將其逮捕。被捕後的山岡移交薩摩藩士益滿休之助看管，益滿認為儀表堂堂、器宇軒昂的山岡並不像探查情報的細作，反倒像是前來談判的使者，於是與之攀談。得知山岡果然是陸軍總裁及會計總裁派來的使者後，透過益滿的引見，山岡終於被帶往西鄉所在之處。

儘管新政府軍已經相信山岡並非細作，而是前來與西鄉談判的使者，但是他們無法放心讓學過直心影流、北辰一刀流、一刀流中西派等劍術，在明治時代成為一刀正傳無刀流的開山始祖，而且本身還是槍術高手的山岡鐵舟單獨與西鄉在密室談判。對於年輕時曾傷及右臂而無法學習劍術的西鄉而言，山岡若要行刺他根本是輕而易舉之事。

最後決定讓西鄉和山岡在室外進行談判，並且在左右兩邊架起大砲對準山岡，與其說是防範山岡倒不是說是恫嚇的成分來得大些。另外還安排幕末四大人斬之一中村半次郎站在山岡身後，只要山岡有行刺意圖，中村即可拔刀朝山岡的後腦勺砍下。

當山岡從懷裡拿出有勝海舟簽名畫押的書信時，中村拔出刀來幾乎要朝山岡砍下。倒是西鄉對於山岡的窘境視若無睹，讀完勝海舟為慶喜請命的寬大處置之書信後，整合先前大久保利通的意見書及數日前的軍事會議，提出以下七條條件：

一、慶喜若是願意謹慎・恭順，則可命備前藩監視看管。

二、交出江戶城。

三、軍艦一艘不留引渡。

四、所有兵器全部引渡。

五、住在城內的德川家臣移往向島謹慎。

六、嚴格調查幫助慶喜暴舉之輩，以確定謝罪的方法。

七、在盡力鎮撫的情形下，若有暴徒企圖施以暴力，官軍得以視情況動武。

雖然條目比大久保利通的意見書及軍事會議還要多，但是刪除掉「幕吏百餘名悉數斬首」的規定，整體說來比前二者要來得寬容。難怪山岡看完後除了對第一條反對之外，其餘幾乎是毫無異議。

身為人臣的山岡當然不能允許主君受辱，不管新政府軍如何處置慶喜都會招致山岡的反對。若撇除這點來看，新政府軍對於慶喜的處置實算不上嚴苛。西鄉在言談中透露出十五日（亦即六日後）即將對江戶城發動總攻擊，儘管山岡對於慶喜的處置仍有不滿，但一聽到新政府軍即將在數日後對擁有超過百萬人口的江戶發動總攻擊，他片刻也待不下去，恨不得插翅馬上飛回江戶城向勝和大久保通報以商量對策、解救江戶百萬人口免於屠戮。

於是山岡帶著大總督府提出的七項條件匆匆向西鄉告辭，西鄉見山岡沒有再針對慶喜的處置討價還價，而是急著趕回江戶，可見儘管對身為幕臣的山岡而言，討論慶喜的處置問題是此行的目的，不過一聽到江戶百萬人口即將因為新政府軍的總攻擊而有性命的危險時，山岡立即放棄交涉而選擇趕回江戶。西鄉內心不禁對此時屬於敵對陣營的山岡產生好感，雖然雙方身屬敵對陣營，但是親眼見到他在左右兩邊架起大砲以及中村半次郎芒刺在背的威脅下，仍能毫不屈服、氣定神閒的與西鄉對等談判。

這才是武士的典範！

談判結束後，山岡把新政府開出的條件書信揣入懷中，急著要趕回江戶，連西鄉為他倒好的慶祝酒也顧不得喝。西鄉指派同藩的益滿休之助伴隨山岡返回江戶，因為神色匆匆的山岡很有可能在返回江戶的關口上被新政府軍攔下盤查。

山岡離去後，西鄉依然對山岡讚不絕口，說道：

命もいらず、名もいらず、官位も金もいらぬ人は、始末に困るものなり。この始末に困る人ならでは、艱難をともにして国家の大業は成し得られぬなり。

(不要命、不要名、不要官位和金錢的人最難應付。若無這種難以應付的人，要完成國家大業就會變得很艱難。)

三月九日西鄉與山岡的會面除慶喜的處置外基本上已算達成共識，數日後西鄉與勝幾乎就是遵照這七點完成江戶無血開城的談判，西鄉與山岡的會面可說已奠定日後成功的基礎。因此東洋大學文學部史學科教授岩下哲典在二〇一八年出版的著作《江戶無血開城　是誰的功勞？》(江戸無血開城　本当の功労者は誰か?)(吉川弘文館出版)推崇山岡才是實現江戶開城幕府方的最大功臣，第二功臣為高橋泥舟，勝海舟只能排在第三。

勝日後在《冰川清話》如此回憶：

山岡這個男人，我雖聽聞其名，卻是在此時(三月六日前往駿府)才首度見到其人。大久保有跟我提醒山岡恨我到不除不快的程度，為了安全起見還是不要見面為好。然而此次的見面卻結為此後十數年的莫逆之交。

四、輪王寺宮公現入道親王、天璋院與靜寬院宮的救援

慶喜進入寬永寺大慈院謹慎後，除了前述的松平春嶽和山岡鐵舟外，也有輪王寺宮公現入道親王、天璋院與靜寬院宮等三名皇族與大名家出身的貴人為搭救慶喜而奔走。由於出身高貴，因此尋求的對象與前節介紹的山岡鐵舟不盡相同，輪王寺宮公現入道親王在慶喜於寬永寺大慈院謹慎後，受其委託，向同為皇族出身的大總督有栖川宮請求饒恕慶喜一命。

輪王寺宮公現入道親王何許人也？首先他出身幕末男丁旺盛的伏見宮，是邦家親王的第九王子，是前面提過的山階宮晃親王、聖護院宮嘉言親王、中川宮朝彥親王等人的異母弟，鳥羽．伏見之戰時的征討大將軍仁和寺宮嘉彰親王是其同母兄長。

從以上的簡述可知公現入道親王出身四世襲親王家，因此受慶喜委託向同為四世襲親王家出身的有栖川宮熾仁親王請求並沒有逾越之舉，毋寧說是幕府方最為恰當的人選（甚至比靜寬院宮親子內親王更適當）。那麼，為何公現入道親王願意接受慶喜的委託，前往駿府向有栖川宮請求呢？

生於弘化四（一八四七）年二月的公現入道親王，幼名滿宮，雖然出生時仁孝天皇已崩御，卻仍被視為其猶子。嘉永元（一八四八）年八月，滿宮成為青蓮院宮門跡尊融入道親王（之後的朝彥親王）的**附弟**（佛家語，繼承法統或被託付傳承法脈的弟子）。此時的滿宮年僅兩歲，依常理而言尚無具備成為附弟的資質與能力，如果不是出身皇族應該很難在兩歲被賦予如此的重責。

安政五（一八五八）年十月廿二日，十二歲的滿宮親王宣下，十一月滿宮改隸輪王寺宮慈性入道親王（有栖川宮熾仁親王之弟）的附弟，由天台座主尊融入道親王為其得度（剃髮出家），改稱公現入道親王。既然入道親王已正式步入佛門，世襲親王家出身的他只能選擇進入親王門跡（宮門跡）擔任住持。江戶時代規定的親王門跡有十三處：

妙法院（京都市東山區，天台宗）
聖護院（京都市左京區，本山修驗宗）
照高院（京都市左京區，天台宗）
青蓮院（京都市東山區，天台宗）

三千院（京都市左京區，天台宗）
曼殊院（京都市左京區，天台宗）
毘沙門堂（京都市山科區，天台宗）
圓滿院（滋賀縣大津市，天台宗）
御室仁和寺（京都市右京區，真言宗）
大覺寺（京都市右京區，真言宗）
勸修寺（京都市山科區，真言宗）
知恩院（京都市東山區，淨土宗）
輪王寺（栃木縣日光市，天台宗）

上述親王門跡多屬天台宗，且多位在京都附近，只有輪王寺遠在關東，卻是公現入道親王的歸處。慶應三年五月，隨著輪王寺門跡慈性入道親王的隱退，公現入道親王被視為其繼承人而來到關東，不久即繼承輪王寺門跡（並非天台座主），成為最後的輪王寺宮。

輪王寺位在日光，該地尚有二荒山神社、東照宮，並稱「二社一寺」，輪王寺和二荒山神社均創建於奈良晚期到平安初期，已有超過千年歷史，據說皆與勝道上人有關。二荒山神社更與附近的本宮神社、瀧尾神社合稱「日光三社權現」，於一九九九年被指定為世界遺產「日光的社寺」而成為日本有名的觀光景點。

輪王寺雖位於日光，但歷代輪王寺宮一年在輪王寺的時間非常有限，大多時候居住在上野寬永寺。以公現入道親王為例，他從慶應三年五月來到關東後以寬永寺為住處住下，即便後來繼承輪王寺門跡，亦以寬永寺為居所。二月十二日以後，輪王寺宮與慶喜比鄰而居，慶喜不久主動請求鄰居為他向東征大總督求情，得到公現入道親王的首肯。廿一日從江戶出發的輪王寺宮，竟然到三月七日才走到駿府，對比一路上拚命趕路、只花三日抵達的山岡鐵舟，輪王寺宮這趟路程真是徐緩得多。

既然輪王寺宮親自造訪，不管有無親王宣下，都不能由西鄉、林玖十郎等武士階級招待，於是西鄉等人通報大總督，由大總督親自接待才不會失禮。基於同為四世襲親王家出身，有栖川宮隆重款待輪王寺宮，不過話題一轉到饒恕慶喜上，大總督態度堅決地婉拒，輪王寺宮敗興而歸，十三日回到上野寬永寺。

在九日向山岡提出饒恕慶喜的七項條件後，大總督所在的東海道先鋒軍繼續往東推進，行經三島、越過鳥居忱名曲《箱根八里》（明治晚期由鳥居忱作詞、瀧廉太郎作曲的歌曲）形容的「一夫當關、萬夫莫開」的箱根關進入小田原，再於三月十一日挺進至東海道第一宿品川宿。東山道本隊於三月九日在下野足利附近的梁田與幕府軍發生衝突而延誤行程，東山道先鋒軍也在稍早之時（六日）在甲斐勝沼與甲陽鎮撫隊進行作戰（詳參第三章），獲勝後在十三日抵達中山道出日本橋後的第一宿板橋宿（東京都板橋區本町），與東海道軍從江戶城南北方進行包圍。

至於北陸道先鋒軍雖然一路上未遇到任何抵抗，不過北陸道的行程較遠，耗費的時間也較久，直到對江戶城總攻擊前夕都未能前來會合（北陸道先鋒軍直到四月四日才進入江戶），因此實際上只有東山、東海二道不到五萬的新政府軍完成對江戶的包圍。

還沒等到輪王寺宮返回，天璋院及靜寬院宮分別寫信給西鄉及大總督，哀求他們務必保全德川宗家。對天璋院而言，西鄉是以前在薩摩藩時養父看重的家臣，儘管如今已成為大總督府的下參謀，具有全國性知名度，不過在天璋院看來西鄉依舊是薩摩藩家臣，如果不是夫家處在存亡絕續的關頭上，天璋院也不至於親筆向西鄉求救。天璋院這封親筆信在署名上是寫給「薩州隊長大人」，今日位在鹿兒島市「維新故鄉館」（維新ふるさと館）（鹿兒島市加治屋町）尚保存此信的複製本。

就在此時（大約是輪王寺宮前往駿府為慶喜請命期間），一位意想不到的故人返回大奧，即天璋院被齊彬收為養女後負責教導她關於大奧禮節的近衛家老女幾島。當慶喜確定在十四代將軍繼承人選中出局，幾島認為天璋院的消極要負起最大的責任，出於愧對已逝齊彬的自責心，幾島不願與天璋院繼續在大奧生活，因而託故離去，返回京都故主近衛家。

此次幾島可能在京都聽到新政府軍即將對江戶發動總攻擊，不禁為人在江戶城大奧的天璋院擔心起來，於是她主動前往江戶，也意外的成為天璋院信件的送信人。幾島應在十一、二日奉天璋院之命來到高輪薩摩藩邸，見到對她而言也是闊別已久的西鄉。不過，西鄉對於天璋院動之以情的信件並不動容，對於幾島聲淚俱下的勸說也不以為意，因為進攻江戶與西鄉和她們的友誼是兩回事，不應混為一談。西鄉若因此時的婦人之仁放棄對江戶的進攻，他在日本史上便不應享有崇高的歷史評價。

如果說天璋院寫信給西鄉是放下身分，那麼靜寬院宮寫信給大總督則是放下尊嚴。筆者在前作已提過在萬延元（一八六〇）元年十月十八日之前和宮與帥宮之間訂有婚約，只要和宮滿十六歲便舉行婚禮，然而這樁皇室與四世襲親王家之間的婚約因為朝廷和幕府之間的政治因素（督促攘夷）而被迫解除。慶應四年三月新政府軍即將對江戶發動總攻擊前夕，和宮廿三歲，已因守寡改名靜寬院宮，是江戶城大奧兩位前御台所之一；而被祐宮授予節刀、錦旗的帥宮三十四歲，在婚約解除後始終保持單身，因此當時民間盛傳帥宮主動向祐宮請纓擔任大總督之職率領新政府軍進攻江戶，以報幕府的奪妻之恨。

街談巷議未必正確，卻能在一定程度上反映出民眾的看法。靜寬院宮寫信給大總督的內容不出保全慶喜的性命及德川宗家，毫無涉及男女間私情。但是一般民眾——特別是江戶——不會這麼認為，在他們的認知裡，靜寬院宮的信件內容正與新政府軍東下江戶相呼應。可惜的是，靜寬院宮的信件與天璋院一樣，並沒能達到阻止新政府軍的行動。

五、西鄉與勝海舟會面的真相

輪王寺宮、山岡以及幾島作為幕府的使者與大總督及西鄉交涉先後失敗，幕府實際負責人勝海舟、大久保忠寬對此焦躁不已，眼見新政府軍總攻擊的日期迫在眉睫，保全江戶城及江戶百萬民眾的使命感驅使他們主動去江戶薩摩藩邸與西鄉會談，此即有名的西鄉與勝的會面。

通說這場歷史性的會面為勝海舟奉天璋院之命於三月十四日——江戶總攻擊前一日——前往江戶薩摩藩邸與西鄉會面進行談判。由於雙方都能摒除私心並站在建設新國家的立場上，因而得以完成不流血的政權交替，保全江戶城及百萬民眾免受兵火之災。必須說的是，多數人對這場歷史性會面恐怕受到珍藏於明治神宮外苑「聖德紀念繪畫館」的名畫《江戶開城談判》及其他戲劇（如二〇〇八年大河劇《篤姬》或二〇一八年大河劇《西鄉殿》（西鄉どん））的誤導，導致會面的真相遭到蒙蔽。

那麼，西鄉與勝會面的真相到底是如何呢？

前文已提過，二月十二日慶喜前往上野寬永寺大慈院謹慎後，在沒有老中首座、老中、沒有三奉行的情形下，江戶城表的實權落在陸軍總裁勝海舟及會計總裁大久保忠寬之手。在輪王寺宮、山岡以及幾島與大總督及西鄉的會談都沒能取得決定性的承諾後，勝與大久保決定親自出擊，連同前日為西鄉讚賞的山岡前往江戶薩摩藩邸與西鄉會面。勝與山岡均是劍術好手（勝雖不如山岡，但也有免許皆傳的程度），因此西鄉若隻身赴會未免過於危險，因此他找來村田新八以及保鑣中村半次郎以防不測。因此幕府方面勝、大久保、山岡三人，加上新政府軍方面西鄉、村田、中村三人，總計六人才是「江戸開城談判」實際參與的人數。

通說的「江戸開城談判」是在對江戸城發動總攻擊的前一日，亦即三月十四日。其實這一日才是真正的談判日，至於六人的會面在前一日便已開始，只不過這一日多半只有彼此的寒暄，並未深觸談判問題。

接著是談判的地點，從序章第四節可知位在三田的薩摩藩邸已在去年十二月廿五日為幕府軍燒毀，此時距離燒毀不到三個月的時間，就算重建也還未到能招待的程度，因此不會是談判的地點。然而重點在於薩摩藩在江戸共有七座藩邸，儘管三田藩邸燒失，也還有櫻田（位於千代田區內幸町一丁目）**上屋敷**（藩主及其家族的住所，為了登城方便多半位在江戸城周邊）、高輪（港區高輪三到四丁目）**中屋敷**（只有大藩才有，作為跟隨藩主前來江戸參勤交代的家臣之宿舍）、澀谷（澀谷區東四丁目）**下屋敷**（隱居的前將軍或世子的住所，或是作為上屋敷整修或毀壞時的臨時避難處，多半位在郊外，亦作為藩主的別邸及庭園）、田町（港區芝五丁目）**藏屋敷**（作為儲放稻穀或藩國作物的穀倉）、白金（港區白金台一丁目）、大井（品川區東大井六丁目）**抱屋敷**（向武士、寺社或町人購入的百姓地，多半建造成家屋）等六座屋敷。

看過上述筆者列出的屋敷所在地以及屋敷性質的介紹後，相信讀者應能判定只有高輪中屋敷及田町藏屋敷才符合作為談判的地點。由於在JR東日本田町驛（京濱東北線）出口附近有塊書寫「江戶開城　西鄉南洲勝海舟會見之地」的巨大石碑，因此田町驛附近的田町藏屋敷被視為江戶開城談判之地。據研究勝海舟的權威松浦玲教授指出，勝海舟在《冰川清話》記載西鄉人在田町的薩摩屋敷談判；但是勝的日記卻寫下「三月十三日，前往高輪之薩州藩邸」。而十四日的日記寫下「前往同所」。多數人可能因為「前往同所」而誤解為十三、十四兩日的地點在同一處，松浦教授認為「前往同所」應解釋為「同為薩摩藩邸」，因而主張十三、十四兩日的地點只是均在薩摩藩邸，而非同一處所。換言之，十三日在高輪中屋敷，十四日在田町藏屋敷。

綜合以上所述，大致可以還原江戶開城談判的原貌，不難發現勝海舟並非如大河劇《篤姬》一劇裡被動聽命天璋院的指示，而是與該劇不太重要的角色大久保忠寬一起以實際的行動解救江戶城。

山岡十二日回到江戶城後立即向勝、大久保等人回報西鄉提出的七條件，勝和大久保決定接受包括讓慶喜交由備前藩監視看管在內的所有條件，不過勝還是縝密的規劃焦土作戰作為萬一新政府軍堅持進攻江戶的最壞打算。

根據收錄在《冰川清話》一書附錄《勝海舟傳》（勝部真長撰）提到，若是與西鄉談判陷入膠著，無法避免兵戎相見時只得採取燒毀江戶的焦土作戰。勝海舟何以會有焦土作戰的概念呢？每年荷蘭商館甲比丹都會上呈長崎奉行的《阿蘭陀風說書》裡有記載一八一二年法皇拿破崙一世遠征俄國失敗的經過。俄國指揮官米哈伊爾・博格達諾維奇・巴克萊・德托利親王（Mikhail Bogdanovich Barklay-de-Tolli）認為拿破崙遠征俄國，過長的補給線是其弱點，只要讓法軍無法適時補給，要擊潰法軍並非不可能。因此當法軍進入俄境便採取堅壁清野，巴克萊・德托利親王下令俄軍不得與法軍交戰，法軍得不到物資的補給，只能不斷深入俄境。當法軍深入到莫斯科時不僅莫斯科已化為一片焦土，時節也已進入冬季，最終拿破崙做出撤出俄國決定的同時，也注定了法軍的失敗。

十三日，山岡率領護衛先到池上本門寺（大田區池上一丁目）迎接西鄉、村田、中村三人來到高輪下屋敷，然後再與勝和大久保進入高輪下屋敷進行會談。由於勝和西鄉在元治元年九月曾因龍馬之故有一面之緣，是以此次見面先行寒暄、介紹彼此的成員並緬懷逝去的龍馬。接著話題轉移到如何確保兩位前御台所天璋院和靜寬院宮的人身安全上，這一日的行程內容大致上僅止於此，毫無觸及談判內容。

十四日才是談判的重點，提到江戶開城談判的戲劇多半都只提及此日勝和西鄉在田町薩摩藏屋敷完成江戶無血開城。這一日的成員與前一日完全相同，只是地點改在距離高輪藩邸約兩公里處的田町薩摩藏屋敷，勝遞交日前山岡帶回的七條件修改版：

一、慶喜隱居並在水戶藩謹慎。

二、江戶城開城移交手續結束後當日委由田安慶賴。

三、四、軍艦、兵器暫時全部集中，待日後寬大處分下達時，德川氏保留部分數量，其餘均引渡給政府。

五、居住城內的家臣移居城外謹慎。

六、鳥羽．伏見之戰關係者寬大處置，請勿處以死罪。

七、盡力安撫江戶的武士、人民，但若有企圖施加暴行，官軍得以武力鎮壓。

勝等人大致上遵照西鄉原先提出的七條件進行修改，修改後多半較修改前朝向對幕府有利的方向。試著與先前西鄉提出的條件進行比較：

（一）慶喜自發性的隱居並在水戶謹慎，與原先前往軍門投降並前往備前藩接受看管監視，可說是免去極為屈辱的處分。

（二）取代原先單純的將江戶城交割給新政府軍，而是在完成交割之前由德川一門的田安家保管，在一定程度上確保德川宗家的自主性。

（三）、（四）軍艦、兵器全部由德川方自主性的接收，留下相當的數量後，剩餘的才交割給新政府。專攻幕末維新史的已故學者石井孝教授認為，這是為了日後重建大藩「德川藩」而做的準備。

（五）、（六）、（七）與西鄉原本提出的條件幾近相同，差別在於（六）要求新政府軍不要對戰犯處以刑責。石井孝教授認為：西鄉提出的條件相當於無條件投降；而勝的方案類似於包含「德川藩」重建的有條件投降。

二〇〇八年大河劇《篤姬》第四十八回的主題為「無血開城」，天璋院在十三日與勝討論如何化解江戶的浩劫，此時勝提出「若能觸動西鄉內心深處」或許就能解救江戶。天璋院苦思一夜不得其解，在幾島的提醒下才恍然大悟想到是已故的養父、同時也是前薩摩藩主島津齊彬。儘管齊彬已逝多年，但天璋院卻保留所有齊彬寫給她的信件，她把這些信件委託勝帶去給西鄉看，冀望能因此打動西鄉，進而打消對江戶發動總攻擊。

勝遞出的修訂案被西鄉駁回，眼見談判就要不歡而散，這時勝拿出天璋院託他帶來的齊彬信件給西鄉看。西鄉打開箱子看到信件上的署名「薩摩守」（齊彬的官位）時，猶如受到擊天一擊般，瞪大雙眼、全身顫抖。西鄉顫抖的雙手捧著齊彬寫給天璋院的信閱讀，讀完齊彬的信，西鄉已經淚流不止。眼見西鄉有所動搖的勝，趁機提問西鄉是否願意改變主意放棄進攻江戶？沉浸在緬懷故主的西鄉於是放下己見，不再執著對江戶總攻擊，勝也因而毋須使用焦土作戰政策，終於讓江戶城及百萬民眾免去兵火之災。

這一幕不到十五分鐘，充分無遺的表現出天璋院、勝、西鄉三人堅毅的性格，以戲劇張力而言可說達到滿點的演出效果，使得「無血開城」成為《篤姬》全劇收視率最高的一回，高出平均收視率甚多（該回收視率廿九點二，平均則為廿四點五）。不過一如勝在劇中所說：「只憑舊情就可以改變想法，那也就不配作一個出色的武士了。更何況是西鄉這等人物，那就更不用說了。」如果西鄉因為私人信件沉溺在個人情感而公私不分，久而久之必為同藩志士所輕，遑論當上東征大總督府的下參謀，更不用說與勝在田町藩邸談判江戶城的交割問題。

不過，江戶無血開城的確是在三月十四日達成，西鄉立即派遣村田和中村前往東海道、東山道先鋒總督府，中止明日對江戶總攻擊的命令。然而，讓西鄉下達此命令並非如戲劇所播的齊彬之故，而是另有其他因素（下一節會提及）。二十多年後明治廿五（一八九二）年四月十一日，勝寫下這段文字以紀念當年（原文為漢文）：

明治二十五年四月十一日，即慶應三年戊辰三月十五日，經年實二十五年矣！回想當時情形，全都鼎沸殆如麻亂。此日余到品川牙營，就參謀諸士有所論焉。而西鄉、村田、中村數氏，皆既為泉下之人。余獨以無用老朽之身瓦全至於今，人事之不可思議如此，不勝懷舊之情，因賦絕句。

皇國一大府，此中無辜民。
如何為焦土，思之獨傷神。

八萬幕府士，罵我為大奸。
知否奉天策，今見全都安。
義軍勿嗜殺，嗜殺全都空。
我有清野術，傚魯挫那翁。
官兵迫城日，知我獨南洲。
一朝誤機事，百萬化髑髏。

六、江戶無血開城的背後

前節雖還原了江戶無血開城的原貌，但是並沒有清楚交代何以能完成江戶開城談判。簡單說來，江戶開城談判之所以成功不在於幕府方動之以情，而是出於有外力的介入，外力的介入讓新政府軍放棄對江戶總攻擊（當然，勝本身的努力亦不容抹煞），並與幕府達成無血開城的協議。

促成江戶無血開城的外力為英國勢力，主要人物為英國公使巴夏禮。筆者在第四章提到二月三十日巴夏禮遇襲事件後，新政府除立即派出負責內政、外交的官員為使者前往其下榻處慰問外，遞出致歉函並在最短時間內判處生還的行兇者斬首，之後再派出三條實美、岩倉具視、德大寺實則、東久世通禧四位公卿再次邀請巴夏禮在三月三日入宮謁見祐宮。

次日，巴夏禮立即與薩道義乘船前往橫濱，八日在橫濱度過一晚後隔日只有薩道義前往江戶。九日傍晚薩道義來到勝海舟宅邸拜訪，當時江戶已處在風聲鶴唳之下，薩道義對此不可能不聞不問。既然如薩道義自己所言勝是他主要情報的來源所在，他和勝應有一定程度的友誼，九日晚薩道義在勝海舟宅邸不會光是單純的寒暄而已，應該會觸及到重要內容。可惜的是，薩道義撰述的《明治維新親歷記》缺乏具體談論內容的記載。

三月十三日在高輪薩摩藩邸展開第一次江戶開城談判的同時，在西鄉的授意下，派出東海道鎮撫總督參謀木梨精一郎（長州）與大村藩士渡邊清前往橫濱英國公使館與巴夏禮會面。巴夏禮說道：

慶喜既然已經表現出恭順之意而正在謹慎中，自無讓慶喜受死之理而想保住他的性命。想要接收江戶城的話，就應該貫徹朝廷的目的，這才是合乎萬國公法的道理。

巴夏禮以英國公使身分回覆木梨精一郎，反映出英國政府的立場不支持新政府處死慶喜。已故的田中彰教授進一步引用久米邦武博士的《久米博士九十年回顧錄》的內容：

……巴夏禮正言不諱地說：「吾耳聞是德川公意欲恭順，而與之開戰所為何事？足下雖是依朝命云為，但今日本乃無政府之狀態，何來朝命，忘卻外國人居留地之保護而四起戰端，無禮之至。」語畢便氣憤離席，西鄉聽到此言甚為沮喪，遂停止進擊，接受勝安芳之懇願。（譯文引用田中彰《明治維新》〔玉山社，二〇一二〕）

可見西鄉在十三日接到木梨、渡邊的回覆時內心愕然，覺悟到可能難以執行對江戶發動總攻擊，因此在翌日與勝於田町藏屋敷完成江戶開城（日文為「江戸城明け渡し」）。或許讀者會有這樣的疑問：為何巴夏禮願意出面為慶喜說情呢？

據石井孝在《明治維新的幕後故事》(明治維新の舞台裏)一書的研究認為,巴夏禮基於若是放任新政府軍進攻江戶,一旦江戶毀於兵火,會大大影響到咫尺之外的橫濱之貿易,如此一來將嚴重損及英國在日本的利益,這才是巴夏禮出面干涉的真正原因。西鄉在十三日已經知道若貿然進攻江戶,英國不排除聯合其他國家一起向東征軍——甚至朝廷——施壓,如此一來三月三日邀請巴夏禮進宮謁見祐宮建立彼此友好的努力就白費了。

西鄉的難處不止於此,他不能在十三日當天直接宣布中止對江戶的攻擊,若在十三日逕自宣布中止進攻可能得連帶交代中止的原因,無意中可能會扯出受到巴夏禮的恫嚇,如此一來極有可能引起東征軍對列強的不滿。為了不讓攘夷事件再次在軍隊中發酵,讓神戶事件、堺事件等棘手的外交事件重演,西鄉將十三日已做出放棄對江戶總攻擊的決定,保留到次日與勝的會面藉由被勝對主君的忠心及表現出的武士精神所感動,再堂而皇之下令東山、東海二道軍隊中止攻擊江戶,譜出西鄉與勝相知相惜、達成無血開城的千古佳話。

筆者認為勝才是這次開城談判中的真正贏家,他在九日薩道義來訪時已嗅出巴夏禮有干預的意圖,薩道義名為拜訪,實則在探勝的口風。雖然勝和薩道義的作品都沒有留下關於這次拜訪具體內容的文字記載,但倘若九日勝沒有透過薩道義向巴夏禮轉達、再由巴夏禮向西鄉施壓，便很難解釋巴夏禮為何會在十三日說出「慶喜既然已經表現出恭順之意而正在謹慎中，自無讓慶喜受死之理而想保住他的性命」這樣的話。勝透過薩道義將自己的主張傳遞給巴夏禮，繼而透過巴夏禮達成自己的目的，於是在歷史上留下完成無血開城的功勳，之後又以無血開城的功勳成為最早在新政府出仕的幕臣之一，在幕府和新政府間都享有一定程度的聲望。

江戶無血開城在明治時代被宣傳為化解江戶百萬人口免於生靈塗炭的美談，然而這一美談的背後，其實充斥著權謀及利益的算計。

七、新政府軍接收江戶城

無血開城後，西鄉於十六日回到駿府，向大總督報告和勝會見的經過，大總督在這日下令大總督府參謀正式轉告北陸、東山、東海三道先鋒總督延後進攻江戶。雖然進攻江戶已形同取消，但仍需徵得朝廷的同意，為爭取時間西鄉循海路於二十日傍晚抵達京都。之後在西鄉的催促下三條、岩倉立即召開朝議，朝議基本上對勝海舟提出的修改版照單全收，等於宣告對德川的處置案就此定調。於是西鄉再度循海路於廿一日離開，廿五日抵達駿府向大總督報告朝議的結果，正式取消進攻江戶的命令。

廿六日西鄉收到薩道義寄來的信件，希望西鄉在朝廷敕使（東海道正副鎮撫總督）前往江戶途中能來橫濱英國公使館與巴夏禮會面。四月一日，西鄉作為東海道鎮撫總督橋本實梁前往江戶的隨行成員，在橫濱與橋本分手，前去會見巴夏禮。巴夏禮一見到西鄉便出聲警告：

> 若對前將軍以及其支持者採取過於嚴苛的處分，則看在眼裡的歐洲諸國，會對新政府留下不好的印象，進而傷害其名聲。

西鄉向巴夏禮再三保證他已在數日前前往京都召開朝議免除慶喜的死罪，對於幕府其他成員也都做出寬大處置。西鄉還向巴夏禮預告在二、三日之內，朝廷派出的敕使前往江戶宣布對德川的處置。橋本一到江戶後下榻在池上本門寺，池上本門寺位在今日東京都二十三區最南端的大田區境內，南邊即為神奈川縣川崎市，可說是東海道進入江戶的門戶。四月二日，東海道鎮撫副總督柳原前光從甲州街道前來與橋本會合。

四日，橋本、柳原正副總督以敕使身分進入江戶城傳達朝廷敕旨，跟隨在敕使之後的有西鄉、林玖十郎、海江田信義、木梨精一郎等六十餘人，這是西鄉及其他參謀首次進入江戶城。為了不過度刺激幕府旗本及御家人，西鄉與勝事先做出協定新政府軍不率兵進城。接受慶喜委託成為江戶城主人的田安慶賴出城迎接敕使，並帶領敕使一行人進城，引導兩位敕使坐在大廣間的上段，田安本人坐在大廣間下段的前頭，大久保忠寬及其他在慶喜謹慎後主持政務的幕臣則與西鄉等新政府軍參謀一同坐在大廣間下段。至於勝則以陸軍總裁身分在江戶各地巡視，遇到有不穩的情形隨時安撫，因此人並不在江戶城內。

不久，橋本敕使向田安慶賴下達敕旨，在四月十一日前必須如實做到以下五項內容：

一、看在德川氏二百餘年的治國功績及齊昭勤王的份上，予以寬大的處分，保全德川的家名、免去慶喜死罪一等的罪名，前往水戶謹慎。

二、交出江戶城由尾張藩看管。

三、軍艦・槍砲全部交出，日後歸還部分的數量。

四、居住在城內的家臣們全部撤往城外謹慎。

五、幫助慶喜叛亂的人，理應處以嚴刑，然而關於死一等之罪予以赦免，再針對適當處置做處理。

這份敕旨內容除江戶城由原本田安慶賴看管改為尾張藩外，幾乎與三月十四日勝的修改版毫無二致。敕使一行人在完成傳達敕旨的使命後鑒於江戶城低迷的氣氛，迅速離城返回橋本的下榻地池上本門寺。

天璋院自安政三年十一月十一日進入江戶城大奧以來，迄今已進入第十三個年頭，但天璋院從未像此時這樣絕望的感覺盤據心頭。宮尾登美子在《天璋院篤姬》入木三分的刻劃出天璋院的心情：

……看著自己安身立命的德川家走向崩潰，篤姬感到無比的愧疚與超過言語所能表達的悲傷。一直以來，她都把自己當成男子，以堅強的心面對迎面而來的種種挫折，但是徒勞無功的懊惱，讓她忍不住心痛落淚。……可是，自己努力的結果竟然是看著德川家一步步走向崩潰，這樣的現實真是怎麼哭也哭不夠的悲哀。

嫁入德川家後，先是為了繼嗣的問題繃緊了神經，接著便面臨失去丈夫的日子，尤其難過的是在迎娶皇妹進德川家後，更是幾乎沒有過過一天安心的日子。……聽到德川家的居城淪陷到敵人手中的消息。

累了，沒有力氣了。篤姬也會有這樣的感覺，但是即使是那樣，她還是必須一邊擦著眼淚，一邊思考自己現在的立場。……（譯文引用宮尾登美子《天璋院篤姬》（如果出版社，二〇一〇））

九日靜寬院宮及家茂生母實成院搬出大奧，暫居清水邸，十日換天璋院及家定生母本壽院搬到一橋邸，八月多天璋院搬出一橋邸，遷徙至築地（中央區築地，原築地市場附近）一橋別邸。十一日一早，慶喜步出已謹慎超過兩個月的寬永寺大慈院，與勝海舟、大久保忠寬等人道別，若年寄淺野氏祐等多位幕臣以及其他旗本、御家人共百餘人擔任護衛，歷時二百餘年的德川政權則走入歷史。

身著黑木綿**羽織**(室町後期成形的服飾，套在小袖之上可防寒亦可作為禮服，由於穿搭簡便而成為武家日常穿著，並普及到民間)及小倉的袴、腳穿麻裡草履的慶喜，由於兩個多月的謹慎早已蓬頭垢面，加上樸素的穿著已失去將軍的煥發英姿。儘管有百餘人隨侍在旁，但仍難掩踽踽獨行的落寞身影，他們一行經由千住宿(東京都足立區)踏上已離開超過二十年生家的水戶藩之路。由於這一天也是大奧離開江戶城之日，因此沒有任何女中來為慶喜送行(應該也與齊昭、慶喜父子在大奧名聲不佳有關)，讓慶喜失去「揮淚對宮娥」的機會。

十五日抵達水戶後，慶喜立即進入水戶藩校弘道館至善堂——慶喜幼年時曾在此聆聽藩校大儒講授水戶學——謹慎。由於當時水戶藩天狗黨之爭有重新再起之勢，為了不讓慶喜為任何一方利用，新政府在七月十九日命慶喜離開水戶，在銚子(千葉縣銚子市)搭乘幕府船艦蟠龍丸，於廿三日在駿河灣清水港(靜岡縣靜岡市清水區)上陸，然後轉由陸路經東海道江尻、府中兩宿往北到寶台院(靜岡市葵區常磐町二丁目)謹慎，因為該地是二代將軍秀忠生母西鄉局的菩提寺。

戊辰戰爭結束後的明治二(一八六九)年七月，勝海舟出仕外務省，擔任外務大丞(次於卿、大輔、少輔，為四等官)，是最早進入太政官的幕臣之一。當時德川宗家已由第十六代當主田安慶之助繼承，原本四百萬石天領被新政府接收，重新分配為駿府七十萬石，在僧多粥少的情形下，德川家臣過著一貧如洗的生活。相較於此，因為無血開城之功勳而在新政府任官的勝海舟過著相對優渥的生活。勝海舟的功名富貴可說是建立在犧牲德川家的基業之上，是以勝始終對於慶喜及其他同僚懷著自責內疚的心。據說每年過年勝都會前往寶台院向慶喜請安並自陳「臣有罪」，但是慶喜似乎把自己的遭遇都怪罪在勝身上而有所怨懟，一次也不曾與勝見面。

儘管新政府不久即解除慶喜的謹慎（明治二年九月），由於慶喜已不是德川宗家的當主淪為一介平民，加上多子之累（扣除掉夭折的子女計有五男八女），因此日子過得非常困苦。勝在明治廿五年失去長男小鹿後，收慶喜年僅五歲的十男精為養子，明治三十二年勝病逝後由精繼承伯爵爵位。

不過，交出江戶城的同日，幕府的陸海軍都出現不願歸順新政府的情形。當時停泊在江戶附近的幕府船艦共有如下八艘：

開陽丸（砲廿六門）

回天丸（排水量一六七八噸，砲十一門）
蟠龍丸（砲四門）
千代田形（排水量一四〇噸，砲三門）
富士山丸（砲十二門）
朝陽丸（排水量三〇〇噸，砲十二門）
觀光丸（排水量四〇〇噸，砲六門）
翔鶴丸（砲四門）
※開陽丸、蟠龍丸、富士山丸、翔鶴丸四艦排水量序章已有提及

若照敕旨而言，這八艘船艦理應全部交出，日後再由新政府歸還部分，但身為海軍副總裁的榎本武揚拒絕交出全部船艦，在陸軍總裁勝的協調下，榎本同意交出富士山丸、朝陽丸、觀光丸、翔鶴丸四艘舊型船艦給新政府。這四艘船艦中朝陽丸機器發生故障，觀光丸形同廢船，運輸船翔鶴丸沒有戰鬥能力，能夠經得起實戰的只有富士山丸。為何新政府會同意榎本交出四艘舊船艦呢？據說西鄉曾這麼說道：

現今若我軍取性能較佳的新船，只給予他們劣等的船艦，未免讓人認為朝廷過於貪圖船艦的優劣。反正如今勝敗大局已定，給予他們性能較佳的新船也是公平之事。

上述引文出自島津家編纂的《薩藩海軍史》，可以認為西鄉似乎真的曾說過類似的話，這也凸顯出西鄉對於海軍認識上的不足，因為這四艘船艦——特別是噸位數最大且最新型船艦的開陽丸——在八月離開品川沖開往奧羽的松島灣，日後當戊辰戰爭延伸到東北及蝦夷地時讓新政府軍嘗到苦果。

十一日晚上，幕府步兵奉行大鳥圭介在向島的法恩寺（墨田區太平一丁目）聚集傳習隊步兵約一千六百人，於十二日天未明逃出江戶，往下總鴻之台（千葉縣市川市國府台）而去。傳習隊是慶應三年一月法國派出十五名軍官顧問團為幕府訓練的新式陸軍之一，共計四大隊約三千二百人，可說是幕府陸軍中最為精銳的部隊。由於大鳥是傳習隊領袖之一，其他不願歸順新政府軍的傳習隊員如撒兵頭（相當於聯隊長）福田八郎右衛門也率領部下（包括其他隊士）約一千五百名逃出江戶前往下總木更津真里谷（千葉縣木更津市真里谷），再加上其他幕府諸隊，在南下總大約聚集將近四千幕府軍，對新政府而言是一大威脅。

江戶城在四月十一日不發一彈的情形下順利從幕府移交到新政府手上，不過江戶並未因為移交而迎來和平。江戶附近尚有不少舊幕府勢力的存在，江戶本身亦有幕府勢力盤據，下一章筆者將先行介紹平定江戶內的幕府勢力經過。

豆知識

第十六代德川宗家當主德川家達

第十六代德川宗家當主德川家達出自御三卿之一田安家，幼名龜之助，慶應二年七月廿日德川家茂臨終之際被指定為養子，成為家茂的繼承人，此時龜之助只有四歲。

如筆者在前作所言，儘管「以天璋院為首的大奧主張應尊重家茂的遺言，立田安龜之助繼承德川宗家及第十五代將軍，然而板倉勝靜老中首座及小笠原老中等人反對大奧的意見……」，於是龜之助被排除在人選之外。

慶應四年二月十二日慶喜進入寬永寺大慈院謹慎，龜之助再次被提出為德川宗家當主的繼任人選，其實這時候的龜之助也才六歲。如果慶應二年的龜之助因年幼而不適合繼承，那麼此時的他也同樣不適合繼承，但是此時再也沒有反對龜之助的聲音，因為之後的德川宗家已經不可能由慶喜的家系繼承，事實上前文提到後來苦於多子之累的慶喜此時尚無子嗣（慶喜長男於明治四年出生）。

慶應四年五月廿四日，龜之助封在駿府，石高七十萬石，隨著明治四年七月廢藩置縣回到東京，與天璋院及昔日部分大奧女中居住在新都東京千駄谷（東京都澀谷區），此時龜之助九歲。養育龜之助的責任落在天璋院的身上，亦是天璋院後半生的生活重心。儘管家族沒落，天璋院認為龜之助的婚配對象必須是名門世家，因此她向曾經的養父家族近衛家要求結為親戚。幕末時天璋院的養父近衛忠熙已隱居多時，近衛家當主忠房同意將有島津家血緣（泰子生母為齊彬養女光子）的長女泰子許配龜之助。附帶一提，泰子的長兄即是日中戰爭期間的首相近衛文麿生父篤麿。

龜之助元服後改名家達，世稱「十六代様」，在天璋院去世前一年（明治十五年）與泰子完婚。明治十七年政府頒布《華族令》，身為德川宗家當主的家達敘公爵之爵位，家達也在這一年獲得與泰子的結晶——家正。

由於家達敘爵公爵，理所當然成為貴族院議員，之後被選為貴族院議長（由於任期最久而被戲稱「萬年議長」）。大正年間家達曾與高橋是清內閣海軍大臣加藤友三郎及駐美大使幣原喜重郎前往英國，參加第一次世界大戰後圍繞在太平洋和遠東以及海軍軍備問題的華盛頓會議，上述三人參加的是限制海軍主力艦噸位的海軍條約，其成果為眾所周知的與英美嘸位比例為五比五比三。

之後家達還擔任明治神宮奉贊會會長及日本紅十字會會長，昭和十五（一九四〇）年病逝，享壽七十六歲。

天璋院臨終前曾要求家達的子女一定要與島津家結親，家達長男家正日後與島津忠義十女正子結婚，實現天璋院的遺願。

第六章

上野戰爭及彰義隊的覆滅

一、彰義隊的成立及聚集淺草

若按時間順序來介紹，本章理應與第七章調換順序才是；然若按地理順序，本章承接在上一章之後殆無疑義，筆者反覆思量後認為在全書的章節順序上按照後者的編排順序對於讀者閱讀上應該會較有助益。

在慶喜進入上野寬永寺大慈院謹慎的前一日（二月十一日），慶喜還是一橋家當主時期的家臣本多敏三郎（慶喜任將軍後被擢為幕臣）及其同僚伴門五郎、須永於菟之輔對於慶喜被操弄為朝敵、被迫在寬永寺隱居的際遇大感不滿。抱著為慶喜雪恥的念頭向幕府陸軍諸隊以及砲兵、騎兵等隊長發出如下檄文：

我公向來為尊王竭盡忠誠，昨冬洞察宇內之形勢，二百年來之祖業一朝歸還於朝廷，其公明至誠之英斷，天下欽然宗之。然因奸徒之詐謀，以至有今日之危窮。君若受辱乃臣死之時，尤以同樣橋府以來隨從之身，如何可冷眼旁觀？宜戮力同心，報多年之鴻恩，此乃其時也！十二日晝九時不論晴雨，雜司谷茗荷屋共商大事。

結果十二日在雜司谷（東京都豐島區雜司谷町）的茶店茗荷屋只來十七名昔日一橋家家臣或與之有淵源的相關人士，本多對本身及伴、須永之外的其他十四人並不要求他們署名。十七日本多又在四谷鮫河橋（東京都新宿區若葉二到三丁目）附近的圓應寺舉行第二次集會，出席者增至三十餘名。得到鼓舞的本多再於廿一日舉行第三次集會，此次共有六十七名出席。與會者分為兩派，一派擁戴人在現場的幕臣天野八郎為首領，但更多人擁戴當日未到現場的澀澤成一郎，由於雙方都不願退讓，最終不歡而散。

廿三日在淺草東本願寺舉行佐幕有志儀式「尊王恭順有志會」，為何會為儀式取尊王恭順之名呢？因為到這一天為止，本多敏三郎都還未為這支以擁戴慶喜為目的的隊伍取名，因此才會暫取這一名實不符的名稱。儀式首要目標為正名，最初有人提議命名為「昭義」，不過有人認為使用「昭」字會冒犯文昭院（六代將軍家宣的謚號）、昭德院（十四代將軍家茂的謚號）的名諱而認為不宜，曾在幕府蕃書調所、開成所的一橋家家臣阿部杖策（號弘藏）認為將「昭」改為同音的「彰」，得到眾人的同意，遂以「彰義隊」作為隊名。

同時並選出以下幹部：

彰義隊頭取　澀澤成一郎
副頭取　天野八郎
幹事　本多敏三郎
幹事　伴門五郎
幹事　須永於菟之輔

最初彰義隊成員僅限一橋家家臣，隊士人數在二月廿一日增至六十七名，到廿三日又增至一百三十名，不到數日已超過五百名，連町人、俠客及亡命之徒都加入，彰義隊臨時以淺草東本願寺為屯所。原先彰義隊成立目的出於不滿慶喜被指為朝敵，且不排除與新政府軍一戰，一橋家家臣、幕臣多半基於此而加入。然而，與新政府軍一戰並非隊士人數增至超過五百人的原因，而是二月廿三日後，面對新政府軍隨時會對江戶發動總攻擊而導致人心惶惶的傳聞，適時扮演打擊市區內橫行的盜賊、巡邏維持治安的角色。

對町人、俠客及亡命之徒而言，與新政府軍一戰並非他們關切之事，他們也沒有非與新政府軍一戰不可的理由。因此，與新政府軍一戰不再是隊士間的共識，維持江戶市區的治安、保障民眾生命財產才是大多數隊士關注的目的，他們多半為了這個目的加入彰義隊。

就與筆者在前作提到的浪士組、諸藩間的攘夷一樣，彰義隊也充斥著為求溫飽而前來騙吃騙喝，大凡遭逢亂世不學無術之輩多會趁機而起吧！不過，對剛成立的彰義隊，更為致命的威脅是關於與新政府軍一戰與否的看法不同而導致不久之後彰義隊的分裂。

二、開戰前的分裂

彰義隊在選出澀澤成一郎和天野八郎為正副頭取（首領、領袖之意）的同時，也種下分裂的禍端。兩人雖在慶應四年當下皆具幕臣身分，但在進入慶應之前俱為農民。澀澤出身武藏國榛澤郡血洗島村（埼玉縣深谷市下手計）一個經營植物染料、養蠶以及種植稻穀、麥和蔬菜的豪農家庭，明治時代有「日本資本主義之父」美稱的澀澤榮一（二〇二一年ＮＨＫ大河劇《直衝蒼天》〈青天を衝け〉的主人公）是他的堂弟。青年時期的成一郎與榮一懷抱尊王攘夷之志，為響應京都的尊攘派以及水戶天狗黨之亂，兩人擬訂襲擊上野國高崎藩（譜代大名）藩廳高崎城（群馬縣高崎市高松町）的計畫，這種猶如暴虎馮河的計畫豈有可能成功？失敗的兩人為求活命逃出關東，前往京都。

澀澤成一郎與榮一於文久三、四年之際透過將軍後見職一橋慶喜的智囊平岡圓四郎引薦，成為一橋家家臣出仕一橋慶喜。兩人成功擺脫尊王攘夷的過去，迎接武士的新身分，儘管四石外加一人**扶持**（江戶時代在正式俸祿藏米之外，給予下級武士雇用雜役幫傭的津貼。數量為一人一日玄米五合，一年若以三百六十日計算則相當於九石，再加上四石藏米也不過十三石）的俸祿非常低微，但是對志在成為武士的兩人，四石一人扶持的俸祿並不令他們在意。

之後這對堂兄弟在關東各地為一橋家招募農兵，榛澤郡血洗島村豪農的身分讓他們在徵募上事半功倍，也因此受到慶喜的賞識，於慶應二年提拔他們兩人為陸軍附調役，俸祿隨之提升到一百俵（四十石）。慶應二年十二月五日慶喜就任將軍，把這對堂兄弟推向政治生涯中的高峰。

堂弟澀澤榮一在慶應三年一月十一日成為慶喜代理人德川昭武（齊昭十八男，此時的身分為第六代清水家當主）前往參加巴黎萬國博覽會的隨行成員之一，巴黎萬國博覽會於4月1日（二月廿六日）開幕，10月31日（十月五日）閉幕。萬國博覽會閉幕後德川昭武仍滯留巴黎留學，到翌年五月才接受新政府命令返國，這段期間的親身經歷留下《德川昭武幕末滯歐日記》這一彌足珍貴的史料。澀澤榮一這一年多在歐陸並沒閒著，著手研究並考察近代產業發展及經濟制度的演變。由於有這樣的經歷，使他在明治二年十月接受新政府聘用出仕大藏大丞，並在四年多任職期間內協助先後擔任大藏少輔、大輔的井上馨推動改革幕府時代的稅制及財政，後來井上馨被司法卿江藤新平抓到把柄彈劾下台，澀澤榮一與上司同進退也跟著辭職下台。下台後的澀澤反而有更大的舞台，協助留學英國歸來的森有禮成立商法講習所，擔任他在大藏大丞期間成立的第一國立銀行頭取，此後全心投入實業界，各領域幾乎都有他出資或經手的身影，數量超過五百家以上。

堂兄澀澤成一郎在慶喜就任將軍後上京接下慶喜的奧右筆一職，俸祿提升到二百石，在幕臣中已頗具知名度，因此彰義隊成立時，屬意由他擔任領袖的聲浪超過天野八郎與他此時人望高過天野有關。

天野八郎出身上野國甘樂郡磐戶村（群馬縣甘樂郡南牧村），生父大井田吉五郎是當地的名主（相當於村長），家境或許不如澀澤成一郎，但若論及在地方上的威望應該不輸澀澤家。身為次男的天野八郎由於不具繼承資格，自幼便專心於學問及劍術（直心影流）的修習，之後為江戶防火消（類似今日的消防隊）與力收為養子，過了約一年解除養子關係，此後即自稱天野八郎。從以上的簡介來看，天野八郎或許在學問及劍術造詣上勝過澀澤成一郎，但是在知名度上一介防火消與力養子無法與將軍的奧右筆相提並論，因此年紀最長的天野八郎只能擔任副頭取一職。

出身相似但家境不盡相同、際遇更是天差地遠的兩人，卻陰錯陽差同時成為彰義隊的正副頭取。兩人雖皆是幕臣，卻素昧平生，因此缺乏互信基礎，不過讓兩人及兩人的支持者形同水火的是兩人對於是否應與新政府軍作戰的態度。澀澤主張不要讓江戶淪為戰場，撤出江戶後再擇其他地方與新政府軍決戰；而天野則主張在有地利之便的江戶號召旗本、御家人及譜代大名立即與新政府軍決戰。

兩人的見解各有一定的道理，很難說孰優孰劣，不過雙方及其支持者並不這麼認為，硬要強迫對方接受自己的理念。而彰義隊發起者之一本多敏三郎卻在彰義隊成立後不久於二月廿七日墜馬骨折，無法進行斡旋，都加速彰義隊的分裂。進入三月，彰義隊正式分裂，澀澤成一郎派彰義隊仍以淺草東本願寺為屯所；天野八郎派彰義隊則以上野寬永寺山內（寬永寺子院之一的寒松院）為屯所。

四月十一日慶喜離開上野寬永寺前往水戶謹慎，澀澤成一郎派彰義隊也趁機退出江戶，但是澀澤並非跟隨慶喜前往水戶，而是來到田無（東京都西東京市）招兵買馬，澀澤將募來的人手加上原先跟隨他出走的彰義隊士整編在一起，重新命名為「振武軍」。之後澀澤率領「振武軍」進入武藏國飯能與新政府軍作戰，結果大敗，亡命各地，後來與榎本武揚會合遠走奧羽。

澀澤走後，天野八郎派彰義隊不斷擴大勢力，前文提過由於彰義隊「維持江戶市區的治安、保障民眾生命財產」而頗受好評，加入者眾，據說隊士人數來到三千人。不過光是彰義隊本身應該沒有到三千之眾，三千是指所有與彰義隊負責同樣職務的幕府諸隊之總和，彰義隊只是其中勢力最大的一支。

彰義隊（包括幕府諸隊）之所以能吸引多數人加入的另一主因為薪資優渥，彰義隊隊士之一的寺澤親太郎在明治時代曾有如下的回憶：

> 只要彰義隊士一出現，吉原妓女也爭相靠過來，那一湧而現的情形，猶如從天而降。她們的腦袋裡才不懂什麼彰義，以為是將棋的旗子（「彰義」與「將棋」的日文發音相同），所以在頭上插滿雕有將棋棋子的髮簪，更在臉上濃妝豔抹，打扮得花枝招展。哪怕隊士蓬頭垢面，她們也都竭誠以待。……總之，偌大規模的吉原，若無彰義隊士的捧場，恐怕難以出現川流不息的盛況。

也由於彰義隊成員眾多，幕府認為名主之子出身的天野八郎不足以管理彰義隊，決定派遣地位較高的幕臣擔任彰義隊領袖，據山崎有信撰述的《彰義隊戰史》，在上野戰爭前夕的彰義隊組織編制如下：

頭

小田井藏太
池田大隅守

頭並

菅沼三五郎
春日鐵三郎
天野八郎
河村敬三

頭取

吉田定太郎
伴門五郎
織田主膳
本多敏三郎

頭取並
須永於菟之輔
大塚霍之丞
小林清五郎
加藤歸之助
酒井宰輔
新井鐐太郎
近藤武雄

調役（會計）
飯田豐之助
田中清三郎
石井求之助

第一青隊
隊長　朽原鼎
副長　近藤又三郎

第一黃隊
隊長　淺川文三郎
副長　菅沼安太郎

第一赤隊

隊長　土肥八十三郎
副長　林半藏

第一白隊
隊長　菅間房次郎
副長　糸賀藤三郎

第一黑隊
隊長　石川善一郎
副長　高木文八郎

第二青隊
隊長　木下福次郎
副長　寺澤親太郎

第二黄隊
隊長　百瀨雄次郎
副長　鳥飼常三郎

第二赤隊
隊長　大谷內龍五郎
副長　高山健太郎

第二白隊
隊長　加藤大五郎
副長　山崎雅五郎

第二黑隊
隊長　織田主膳

副長　加藤光造

第三青隊
隊長　松本銜吉
副長　野村德太郎

第三黃隊
隊長　佐久間末七郎
副長　岡田英次郎

第三白隊
隊長　比留間良八
副長　秋原寅之助

以上共十三小隊，每隊的副長之下有伍長三到七人，統領隊士三十到四十人不等。

另一方面，四月廿一日新政府軍東征大總督有栖川宮熾仁親王以及諸道鎮撫總督、參謀進入江戶城，歷代德川將軍的居城如今成為天皇政權底下東征大總督府，這等情景讓幕臣、旗本．御家人情何以堪！因此交出江戶城前後，不願歸附新政府軍的幕臣、旗本、御家人紛紛離開江戶，在關東各地與新政府軍進行游擊戰。也因為幕府的軍事力量多半出走江戶，維持江戶治安的責任才落到彰義隊身上。

彰義隊受江戶民眾歡迎的原因除了前述「維持江戶市區的治安、保障民眾生命財產」外，另一原因是彰義隊打著「薩賊討滅」這一迎合江戶民眾的口號。在江戶城還未移交新政府軍時，「薩賊討滅」還滿符合飽受新政府軍即將洗血江戶傳聞下為之恐懼的江戶民眾支持；不過，在新政府軍已經進入江戶城，而且「薩賊」正是新政府軍主力的情形下，當然不能容許打著「薩賊討滅」口號的幕府諸隊的存在。擁有三千人的彰義隊，本身對於新政府軍便是一極大的威脅，是以剿滅彰義隊成為進入江戶城的新政府軍刻不容緩的大事。

另外新政府還有一個必須剿滅彰義隊的理由，彰義隊透過狂熱支持者寬永寺的**執當**（原為延曆寺的役職，負責諸堂的管理及諸役的補任，後來泛指寺社負責庶務的役職）覺王院義觀有意擁立輪王寺宮公現入道親王為關東的天皇（東武天皇）以對抗京都的祐宮。依照現在史學的研究，輪王寺宮公現入道親王即位說並非真有其事，儘管在某些史籍可發現類似輪王寺宮的令旨，但是不能就此斷定輪王寺宮有即位的意圖或事實。

在提到上野戰爭前，下一節先簡單介紹新政府軍進入江戶城後到上野戰爭前夕，新政府在江戶的施政方針以及對德川宗家處置的改變。

三、德川宗家移封靜岡

閏四月一日大總督府向田安慶賴、勝海舟及大久保忠寬表達謝意，對他們自慶喜在上野寬永寺謹慎以來到東征大總督進入江戶這段時間致力於維持江戶治安的肯定。大總督府在這一日感謝上述三人之餘，也歡迎他們若有任何意見可不用忌憚盡量提出。有了大總督府的保證，三人遂於閏四月四日向大總督提出解除慶喜謹慎，讓他返回江戶的嘆願書，嘆願書內容再三強調解除慶喜的謹慎、返回江戶不光是出於私情，而是可以安定江戶及關東不穩的秩序，後面這句話顯然是針對以上野寬永寺為屯所的彰義隊以及盤據在江戶之外的幕府諸隊。

西鄉在三人向大總督提出嘆願書之前已早一步離開江戶，在閏四月五日抵達京都，翌日起一連五日針對嘆願書內容進行朝議。可見在提出嘆願書之前，大總督府參謀早已知道勝、大久保等人提出的請願內容。接連五日朝議在石高不超過百萬石的限度以及由田安龜之助繼承德川宗家這兩點上取得共識，不過對於居城移往駿府或是留在江戶則出現歧見。若讓德川宗家留在江戶，即便不到百萬石也會對新政府構成威脅，若果真如此，則鳥羽．伏見之戰以來的成果便付諸東流，因此西鄉和大久保利通堅持非得讓繼承德川宗家的田安龜之助移封駿府不可。

儘管此時西鄉和大久保在新政府的權勢還不到乾綱獨斷、隻手遮天的程度（大久保在明治六年11月以後才有如此權勢），但是兩人堅定及執拗的個性終於讓總裁局三條實美、岩倉具視兩位副總裁折服。總裁局總裁奉命擔任東征大總督前往江戶，兩位副總裁便成為京都最高領袖，既然兩位副總裁都同意德川宗家移封駿府，其他太政官成員也不便再反對西鄉、大久保的意見。閏四月十日最後朝議做出如下的結論：

一、德川宗家由出身御三卿的田安龜之助繼承。
二、德川宗家石高確定為七十萬石。
三、德川宗家的新居城確定在駿府。

閏四月十一日，三條偕同西鄉從京都出發到大坂再換成輪船循海路前往江戶。三條一行人先是轉進橫濱，到閏四月廿四日才進入江戶城，廿五日在江戶城內對大總督府從大總督、各鎮撫總督及各道參謀告知太政官對德川宗家處置案的朝議結果。既然是太政官的朝議結果，大總督府對此並無異議，德川宗家處置案在整個新政府軍不管在前方（江戶）或後方（京都）已經達成一致性的共識。

閏四月廿九日，關東監察使三條實美召見新德川宗家當主田安龜之助的代理人一橋家當主一橋茂榮（德川慶恕之弟、松平容保、松平定敬之兄），轉達新政府做出的德川宗家處置案，五月廿四日太政官正式下令以駿河、遠江，以及陸奧的飛地（部分領地在他藩領地內而與自身領地完全不相連）共七十萬石領地封給德川宗家當主田安龜之助。

由於當時陸奧國並不在新政府控制下，因此太政官在九月四日決定將陸奧的飛地改為三河，於是駿府藩的領地敲定為駿河、遠江、三河三國，駿府於明治二年改稱靜岡，是以又稱為靜岡藩。

歷經千辛萬苦，儘管與以往差距甚大（以往擁有有天領四百萬石加上御三卿和旗本、御家人的知行地共約八百萬石），然而德川宗家總算重新擁有領地，不少追隨慶喜前往水戶謹慎的幕臣紛紛前來投靠，因此雖有七十萬石領地，經濟並不寬裕。

德川宗家處置案在閏四月廿九日總算敲定，只要能解決盤據在上野的彰義隊，江戶大致上便已底定。進攻彰義隊的任務落在和三條、西鄉一起前來江戶的軍防事務局三等官判事大村益次郎身上。雖然大村僅是軍防事務局三等官判事，但是判事才是掌控軍防事務局實權，身任軍防事務局判事的大村才是軍防事務局中具備指揮大軍作戰才能的將領。

四、大村益次郎指揮下的上野戰爭

由於大村益次郎是軍防事務局中最具作戰才能的將領，因此被派往江戶指揮新政府軍征討彰義隊，與土佐藩士小笠原唯八及佐賀藩士江藤新平以軍監身分在新政府軍東下前進入江戶城，據說江藤曾潛伏在遊郭觀察幕府動靜達三個月之久。在江戶開城後，據幕臣山岡鐵舟日後的回憶說道：

> 西鄉（吉之助）蒐集與農業、農政相關的書籍。海江田（有村俊齋）忙著打聽軍需品所在之處，亦熱衷於打探黃金所在之處。唯獨江藤搜索關於政事及法律的相關文件檔案。

從西鄉讚許不要命、不要名、不要官位和金錢的山岡口中說出的往事，應該具極高的可信度。從這段話也可看出三人的興趣及其格局：西鄉悲天憫人、視金錢如糞土，自然不會汲汲於打探黃金的動態，因此他關心如何改善農民生活的農業、農政書籍，對於幕府政權結束後的政治局勢並不甚關心，可能更多的是力不從心。海江田即維新回天後的海江田信義，舊名有村俊齋，讀者或能從有村這一姓氏聯想到櫻田門外之變中的有村雄助、次左衛門兄弟，有村俊齋正是這兩人的長兄，但顯然他比他兩個早逝的弟弟對黃金及奇珍異玩更感興趣。難怪薩摩藩士經常在私下帶著戲謔的口吻說道：

有村兄弟中愈年長的愈是不成材。

雖是玩笑話，卻如實反映出有村俊齋在人格及才幹上不如兩個弟弟，維新回天後海江田能歷任奈良縣知事、元老院議官、貴族院議員是因為他在這場動亂中生存下來。

江藤新平算是新政府中的異類，口若懸河的辯才以及追根究柢的性格使他對法律產生興趣。明治五年江藤成為首任司法卿，嫉惡如仇的脾氣讓他對於貪污舞弊的太政官要員窮追猛打，加上採取激烈的手段，因而樹立不少政敵。日後佐賀之亂失敗，與他相同政治立場的西鄉、板垣都不願伸手相救而落得為大久保利通下令處斬的下場。

江藤在江戶三個月的觀察發現彰義隊的聲勢之所以浩大，雖有擁輪王寺宮和維持江戶治安得到好評等因素在內，但主因在於進入江戶城後大總督府的毫無作為之故，若能盡早採取強硬手段決不至於坐大到數千之眾的程度。不過治軍嚴謹、指揮調度得當並非自己所長，因此江藤當下立即返回京都。據比江藤小二十多歲的野半介撰述的《江藤南白》（南白為江藤新平的號）之記載，江藤此行返回京都要向朝廷建議任命大村益次郎為軍務局判事，指名他前往關東負責指揮大總督府討伐彰義隊，並以總裁局副總裁三條實美負責關東政務。

《江藤南白》被認為是最真實的江藤新平傳記，若該書記載正確無誤，大村益次郎在四月廿七日被任命為八局當中的軍防事務局判事，與同日被任命為關東監察使的三條看來應該皆出自江藤的建議。

大村雖被任命為軍防事務局判事，然而朝廷並無直屬軍隊，而所謂的「官軍」此時都在江戶城，因此指揮官大村反而要隻身前往江戶與受他指揮作戰的軍隊會合。大村在品川上岸遇到迎接他的長州軍，當大村問起新政府軍在江戶的近況，長州軍警告大村道：

要多注意薩摩的海江田武次（有村俊齋）。

大村可能聽到這句話後才首次知道有海江田這號人物，當下他恐怕未將這句提醒之話放在心上，然而，在一年半後一語成讖。

大村透過江藤推薦而被朝廷任命為軍防事務局判事，進而指派到關東負責平定彰義隊，照理而言他在東征大總督府的地位應該僅次於大總督及北陸、東山、東海三道鎮撫總督而凌駕在所有參謀之上（包括西鄉和林玖十郎兩位總督府下參謀）才是，不過事實並非如此。

西鄉先前為了江戶開城忙得不可開交，在江戶開城後也忙於安定江戶的秩序而顧不上總督府。總督府大總督及各道鎮撫總督皆出身皇族或公卿，並無處理政務的能力，總督府雖然還有一名下參謀林玖十郎，不過宇和島藩小而人微言輕，總督府實權遂落在東海道參謀海江田身上。

為了提振士氣，大村在正式到任的五月一日召開的軍事會議上當眾斥責海江田。畢竟海江田本人並未犯下貽誤軍情的錯誤，他本人既是東海道鎮撫總督參謀，又是薩摩藩出身，當眾斥責讓海江田難堪，已是最嚴重的處分。接著開始整頓大總督府內部，儘管大村的作為不給薩摩藩留情面，但由於他行事公正，對長州藩本身及其他藩一視同仁，西鄉雖認為大村難以親近而從未與他交談，但也肯定他的作風，也因西鄉的自制才勉強壓下薩摩人的不滿。

大村在五月十四日冒雨結束視察上野一帶的地形後，為了不讓江戶淪為戰火，決定選在也將是陰雨綿綿的翌日發動對彰義隊總攻擊。十五日曉七時，在江戶城二重橋前大下馬（江戶城大手門外的下馬所）集結的新政府軍，由大村指揮兵分三路朝上野出發。他親率薩摩、熊本、鳥取三藩藩兵進攻寬永寺山王台（現在西鄉隆盛銅像附近）。另一路以佐賀藩兵為主，另有岡山、柳川、津等藩在加賀藩上屋敷附近本鄉台（東京都文京區東京大學本鄉校區）安置兩門阿姆斯壯砲隔不忍池對準寬永寺。阿姆斯壯砲是十九世紀英國在克里米亞戰爭前後發明的後裝式大砲，原本是作為艦載砲之用，薩英戰爭時英國便以阿姆斯壯砲從船艦上砲擊薩摩藩沿岸砲台，取得極大戰果。

據說佐賀藩在慶應二年曾在當時日本首屈一指的發明家——有「機關人偶儀右衛門」（からくり儀右衛門）之稱——田中久重自行製造出兩門阿姆斯壯砲，由於當時阿姆斯壯砲從未運用在陸戰上，因此佐賀藩前藩主鍋島閑叟再三叮嚀：

阿姆斯壯砲威力猛烈，只可用在破壞建築物上，切勿用來傷人。

最後一路由長州、大村、佐土原（薩摩藩支藩）從團子坂（東京都文京區千駄木經谷中至上野的坡道）經由谷中襲擊寬永寺根本中堂的背後。

明六時半，備有七門大砲的薩摩藩，對準山王台和寬永寺大門黑門砲擊，不久之後團子坂方面的長州軍也展開攻擊，只有本鄉台方面的佐賀藩兵暫時按兵不動。薩摩的大砲射程有限，無法傷害駐紮在山王台的彰義隊。為了提升射程，薩摩將其中一門大砲搬到廣小路（以JR上野驛為中心的地域）旁有名的料理店雁鍋二樓對準山王台及黑門砲擊，砲彈落到山王台爆炸造成彰義隊士的傷亡，而黑門也被炸出缺口來。彰義隊士不久發現位在雁鍋的薩摩大砲，集中火力對準雁鍋，很快毀掉這門大砲，由於寬永寺所處的上野居高臨下，彰義隊因地制宜在戰爭初期占了上風。

這天發生一則小插曲，剛於慶應三年十二月底在芝新錢座（東京都港區濱松町一丁目）買下久留米藩藩主有馬慶賴中屋敷的福澤諭吉，慶應四年四月校舍竣工，福澤以當時的年號慶應為他的學塾命名，此即日後的慶應義塾大學前身。上野距離新錢座有二里（約八公里）之遠，照理而言毋須擔心會有砲彈飛來，然而隆隆砲聲震耳可聞，而且硝煙四起，難免讓學生人心惶惶。只見正用英文原文書講授〈經濟學要義〉的福澤淡定說道：

這種戰爭不出三天就會結束，就算社會有所動搖，我們的學塾也不休假，只要學塾能繼續存在，日本終會成為舉世聞名的國家。

明治時代有名的雕刻家高村光雲此時年僅十七歲，本名中島幸吉的他此時師事佛師（專門以佛像為題材的雕刻師）高村東雲。上野戰爭這天幸吉與師弟奉東雲之命通知其他佛師撤退到安全的地方，沒想到走著走著竟走進彰義隊的陣地，儘管幸吉與其師弟主動表明身分，還是遭到盤查。獲釋的幸吉與師弟趕緊通知其他佛師撤離。之後幸吉被東雲之姊收為養子改姓高村，此時的幸吉一定想不到三十年後他會在昔日上野戰爭的主戰場山王台雕刻西鄉隆盛的銅像。

到了中午戰爭還未能分出勝負，大村決定無視鍋島閑叟的叮嚀，下令在不忍池的佐賀藩兵以阿姆斯壯砲砲擊位在根本中堂和山王台之間的吉祥閣。阿姆斯壯砲的威力不同凡響，有別於以往大砲只是圓形砲彈，從阿姆斯壯砲的砲管中射出的是圓錐形砲彈，如拋物線般越過不忍池確確實實命中吉祥閣。山王台砲兵指揮官阿部弘藏對阿姆斯壯砲的破壞力有如下記載：

> 大樹崩斷，石塔炸裂，社堂毀壞，隊員陳屍者無數，傷者呻吟哀號，其慘狀難以形容。

文中的「社堂毀壞」包含吉祥閣、文殊樓、根本中堂及本坊，前兩者完全毀壞，後兩者留下部分殘垣斷壁。至於人員的傷亡與建物相比不遑多讓，筆者在第三章提到甲斐勝沼結束後，原新選組隊士永倉新八、原田左之助脫離新選組，投靠幕臣養子芳賀宜道成立靖共隊。永倉、原田二人跟隨靖共隊前往會津與會津藩兵一同作戰，當靖共隊從水戶街道小金宿（千葉縣松戶市小金）和我孫子宿（千葉縣我孫子市本町）之間改走脇街道**日光東往還**（大名或一般庶民前往日光參詣或其他物資輸送時使用的脇街道，共有山崎、中里、關宿、境、谷貝、仁連、諸川、武井、結城、多功十個宿場，在日光街道石橋、雀宮二宿間與日光街道相接）第二宿山崎宿（千葉縣野田市山崎）時，原田突然脫隊逕自返回江戶。

據永倉的說法，原田因為割捨不下對人在京都的妻子與長男的思念而決定折回江戶，但是原田最終也沒能返回京都，他折回江戶後因緣際會加入彰義隊，結果被阿姆斯壯砲炸傷，兩日後（十七日）傷重死去，得年廿九歲。今日上野恩賜公園西鄉隆盛銅像後方有一處彰義隊墓所，一共埋葬二百六十六名在上野戰爭戰死的彰義隊士，其中就有原田左之助的墓。

天野八郎奔馳在整個寬永寺境內指揮作戰，中午過後黑門戰況不利的消息傳來，此時人在清水觀音堂的他立即率領一支由旗本組成約四十餘人的隊伍過去支援。天野在馬上高喊：

報德川御恩正是此時！

然後頭也不回的往黑門方向衝去。旗本隊高聲回應然後跟在天野後方馳騁，天野到了山王台往後一看才知旗本隊早已一哄而散，無可奈何的天野只好指揮在山王台的百餘名旗本抵抗新政府軍，可是當舉著「東照大權現」旗幟的隊士中彈倒下後，百餘名旗本也在瞬間不知去向。天野不禁萌生感慨：

這就是幕府賴以為傲的三河武士嗎？

阿姆斯壯砲開始砲擊後，彰義隊的士氣急轉直下，至此勝負已定。大村布局下的新政府軍並未將寬永寺團團包圍，在歷代將軍靈廟旁留了一口活路（JR鶯谷驛南口），因此彰義隊士多從這裡撤出寬永寺經根岸（東京都台東區根岸）四處逃逸。夕七時半左右，彰義隊士多半已撤出寬永寺，上野戰爭歷時不到一日結束，江戶至此徹底為新政府軍所有。

大村事後命人收齊彰義隊士的屍體在寬永寺內火化（即西鄉銅像附近的彰義隊墓所），明治廿三（一八九〇）年移往根岸附近的圓通寺（東京都荒川區南千住一丁目），成為彰義隊士真正的墓所，明治四十（一九〇七）年在上野戰爭中彈無數的黑門也移往圓通寺伴隨在該役往生的彰義隊士。

天野八郎逃出寬永寺躲藏在附近鐵砲製造師的家裡圖謀再起，近兩個月後於七月十三日遭製造師鄰居密告被捕下獄。在獄中完成個人回憶錄《斃休錄》，筆者前節部分內容即引自該書。天野一下獄即因極差的衛生條件罹病，十一月八日，奄奄一息的天野在傳馬町牢屋敷嚥下最後一口氣，遺體被棄置在小塚原，得年三十八歲。

五、幕府殘餘勢力北遁

當上野戰爭局勢對彰義隊不利時，輪王寺宮已在覺王院義觀和其他寺僧的協助下撤出戰火中的寬永寺，在江戶市區躲藏數日，五月廿五日在品川沖搭乘榎本武揚的艦隊朝平潟（茨城縣北茨城市平潟町）而去。

未在上野戰爭喪生的彰義隊士如寺澤親太郎、丸毛利恒也都登上榎本的船艦，甚至連出走另組振武軍的澀澤成一郎也上船。澀澤成一郎因不願與新政府軍在江戶交戰而出走另組振武軍，原本看似有所作為，不過他的振武軍廿三日在飯能（埼玉縣飯能市）為福岡、久留米、大村、佐土原四藩組成的新政府軍擊敗，全軍覆滅。

於是分裂的原彰義隊士如今在榎本的船艦上重逢，已經毫無勢力的雙方在榎本的斡旋下重修舊好，之後重組彰義隊追隨榎本轉戰奧羽、蝦夷地。

上野戰爭獲勝象徵新政府完全控制江戶，江戶周遭大抵上也不再有幕府軍力，不過並不意味內戰已經完全結束。上野戰爭前大村解除田安慶賴、勝海舟、大久保忠寬三人管理江戶的職權，收歸大總督府，大總督府再任命大村與江藤新平同時擔任江戶府判事，成為江戶最高行政長官。

五月十九日，大總督府在江戶設置鎮台，由大總督兼任，命江藤新平為鎮台判事（這裡的鎮台與明治四年到明治廿一年作為陸軍部隊最大單位的鎮台不同）。鎮台下設社寺、市政、民政三裁判所代替幕府的寺社、町、勘定三奉行，顯然大總督府認為江藤的行政能力高於大村。廿三日，大總督府解除惡名昭彰的海江田東海道參謀職務，以安民心。

在第三節提到第十六代德川宗家當主田安龜之助在五月廿四日正式移封駿府，石高總計七十萬石。在田安龜之助移封駿府的前一日，大久保利通奉命來到江戶輔佐三條監察使，不過這並非大久保東下唯一的使命，為了不久之後祐宮即將行幸江戶（詳細內容參照第八章豆知識），大久保先行前來安排一切事宜。

上野戰爭前，以仙台、米澤二藩為首，號召奧羽地方二十多個藩起來抗拒新政府強硬下達討伐會津、庄內二藩的命令。六月，隨榎本船艦北上的輪王寺宮受到奧羽諸藩盛大的歡迎，被奉戴為同盟盟主，輪王寺宮反而向仙台、米澤二藩藩主下達討薩令旨，此即第八章的內容梗概。在進入第八章之前，下一章將介紹在上野戰爭之前，下總、下野較具代表性的戰役。

豆知識

適塾前後任塾頭大村益次郎、福澤諭吉

天保九（一八三八）年，有「日本近代醫學之祖」美稱的緒方洪庵在大坂津村東之町（大阪市中央區瓦町三丁目）成立一所專門教授蘭學的私塾，私塾以洪庵的號「適適齋」命名為「適適齋塾」，後來簡稱「適塾」，是日本唯一保留下來的蘭學塾建築，現已成為國史跡及重要文化財。

弘化二（一八四五）年，洪庵買下過書町（大阪市中央區北濱三丁目）的商家而將適塾遷徙至此，自弘化（一八四四～四八）以來依適塾保留至今的「姓名錄」即有六百三十六人就學，若也算進津村東之町時期以及未留下姓名的人，恐怕應有超過千人之眾在適塾接受過蘭學教育。本文的兩位主人公大村益次郎、福澤諭吉自不用說，此外還有大鳥圭介、長與專齋、佐野常民、奧山靜寂、武田斐三郎等人皆是在適塾就讀過的傑出人才，戰後有名的漫畫家手塚治虫曾祖父手塚良仙也曾是適塾的學生。

開國以後，對於西方科技的需求迫在眉睫，當時在日本要想了解西方科技最容易的方法是進入蘭學塾，適塾何以能在眾多蘭學塾中顯得出類拔萃呢？福澤諭吉在自傳《福翁自傳》〈緒方學堂的學風〉一章有如下的介紹：

研讀發表會的前一晚，再怎麼懶惰的書生也會徹夜不眠。通常都是五至十人坐在名為「德夫」的房裡，亦即擺設字典的房間，默默翻閱著字典讀書。隔天早晨即是研讀發表會。我們抽籤決定發表的順序，並劃定每人發表的範圍。小組長拿著原文書，其他的人按照順序解釋自己研讀的範圍。如果第一個人無法解釋，就由第二個人接續，第二個人也不知文義時，即由第三個解釋，能夠正確解釋文義的人劃上白圈，解釋錯誤的人劃上黑圈，若是能夠將自己負責的範圍流暢、正確地解釋，則劃上白色的三角形。這三角形是比白圈優秀三倍的符號。

學堂中分為七、八個等級，如果持續位居每個等級的第一名三個月，即可升級。書生閱讀發表會以外的書籍時，上級生經常對下級生講解，下級生有疑難之處，上級生會替他解答，大家感情水乳交融，情同手足。然而研讀發表會時，則完全憑自己的實力，沒有人會暗中教導，因此對學堂書生而言，研讀發表會等於每月舉行六次考試一般。（譯文引用《福澤諭吉自傳》〔麥田出版，二〇一一，楊永良教授譯〕）

從福澤的回憶來看，適塾採取實力主義，只要平時充實自我，在每個月六次的閱讀發表會表現優異，連續保持三個月便能提升一個等級，與有無傲人的家世無關，等級的提升與否端視個人的努力。對於大村、福澤這種沒有家世背景的人而言，適塾實力主義的制度讓他們有出人頭地的機會。

所謂的出人頭地，依福澤的自傳而言，是適塾中學問僅次於緒方洪庵的塾頭。依《福翁自傳》敘述，塾頭可以接受老師家的飲食，免去在外開伙的費用。此外，新生入門時除了向洪庵繳納束脩外，也必須繳二朱錢（江戶時代金幣的單位，一兩等於四分即十六朱，約合十二萬日圓）給塾頭，一個月若有五名新生就有二分二朱零用錢，嗜酒的福澤多半用來喝酒。

只有塾頭、塾監以及最高階的塾生可以聆聽洪庵的授課，福澤在《福翁自傳》寫下他聆聽洪庵授課的感想：

……在課堂中，我深感老師為學縝密而豪放，是荷蘭學界的重鎮，是名副其實的泰斗。我對老師的學問欽佩有加，每次聽講結束回到學堂，數位好友聚在一起，總會談論：「今天老師上的課，全是真知灼見，我們與老師相比，真是相形見絀，頓時成為無識之徒。」

大村於弘化三年進入適塾，不到一年晉升為塾頭，然後前往長崎一年，到嘉永三（一八五〇）年奉父命返回故鄉周防國吉敷郡鑄錢司村繼承村醫，在適塾的時間大概三年左右。儘管時間不算短，不過沉默寡言的他在適塾似乎沒有留下太多的回憶，也沒有比較談得來的朋友，倒是日後成為明治天皇侍醫的洪庵次男平三（緒方惟準）提到大村有如下的回憶：

讓大村揹著四處逛，大概是我童年回憶中最主要的部分。

開國之後，日本對於蘭學者趨之若鶩，執當時蘭學牛耳的適塾成為各藩大名競相聘用的對象，曾為適塾塾頭的大村也被宇和島藩藩主伊達宗城相中，安政二年只憑荷蘭的設計圖，大村幫伊達宗城製造出一艘黑船。安政三年，大村跟隨藩主參勤交代，途經大坂與恩師洪庵重逢，聊到近來入塾的門生，洪庵眉飛色舞的說道：

從中津來了一個名為福澤諭吉的門生，這個人將來一定是個大人物，他的成就甚至會超過你！

由於大村在戊辰戰結束後便結束性命，有生之年並未見到改革的成果，雖然改革的精神被山縣有朋繼承下來，但改革的成果（如實施徵兵制）也多被山縣掠美。福澤在安政四年以廿四歲之齡當上適塾有史以來最年輕的塾頭，而且有《文明論之概略》《西洋事情》《勸學》（《学問のすすめ》）《丁丑公論》等數十部著作等身，又是慶應義塾大學的創辦人，用「夫千里之遠，不足以舉其大；千仞之高，不足以極其深」來形容他對日本的貢獻可說是當之無愧。

國家圖書館出版品預行編目 (CIP) 資料

戊辰戰爭：還原被隱藏的真實．鳥羽 · 伏見之卷 / 洪維揚著 . -- 初版 . -- 新北市：遠足文化，2019.11 --（大河；49）

ISBN 978-986-508-045-7（平裝）

1. 日本史

731.272　　108018890

大河 49

戊辰戰爭：還原被隱藏的真實

鳥羽 · 伏見之卷

作者——洪維揚
執行長——陳蕙慧
總編輯——郭昕詠
行銷總監——李逸文
行銷企劃經理——尹子麟
封面設計——霧室
封面圖畫——慶長四年大功記大山崎之 / 國立國會圖書館
排版——簡單瑛設

社長——郭重興
發行人兼
出版總監——曾大福
出版者——遠足文化事業股份有限公司
地址——231 新北市新店區民權路 108-2 號 9 樓
電話——(02)2218-1417
傳真——(02)2218-1142
電郵——service@bookrep.com.tw
郵撥帳號——19504465
客服專線——0800-221-029
網址——http://www.bookrep.com.tw
Facebook——https://www.facebook.com/saikounippon/
法律顧問——華洋法律事務所 蘇文生律師
印製——呈靖彩藝有限公司

初版一刷 西元 2019 年 11 月
Printed in Taiwan
有著作權 侵害必究

特別聲明：有關本書中的言論內容，不代表本公司 / 出版集團之立場與意見，文責由作者自行承擔